# Španjolska Kuhinja Okusi I Mirisi Iberijske Strasti

## Ana Vuković

Potpuno ili djelomično umnožavanje ove knjige nije dopušteno.

niti njegovo uključivanje u računalni sustav, niti njegov prijenos

u bilo kojem obliku i na bilo koji način, uključujući elektronički,

mehanički, fotokopiranjem, snimanjem ili drugim metodama,

bez prethodnog pisanog dopuštenja izdavača. Povreda

gore navedenih prava može predstavljati kazneno djelo

protiv intelektualnog vlasništva (čl. 270. i dalje

kaznenog zakona)

# SAŽETAK

**SALMOREJO CORDOBÉS** .................................................. 29
    **SASTOJCI** ...................................................................... 29
    **OBRADA** ....................................................................... 29
    **TRIK** ............................................................................. 29
**JUHA OD LUKA** ................................................................ 30
    **SASTOJCI** ...................................................................... 30
    **OBRADA** ....................................................................... 30
    **TRIK** ............................................................................. 30
**MINESTRON** ..................................................................... 31
    **SASTOJCI** ...................................................................... 31
    **OBRADA** ....................................................................... 31
    **TRIK** ............................................................................. 32
**JUHA OD JASTOGA** .......................................................... 33
    **SASTOJCI** ...................................................................... 33
    **OBRADA** ....................................................................... 33
    **TRIK** ............................................................................. 34
**VARIVO OD POVRĆA** ....................................................... 35
    **SASTOJCI** ...................................................................... 35
    **OBRADA** ....................................................................... 35
    **TRIK** ............................................................................. 36
**DOMAĆE ČESTITKE** ......................................................... 37
    **SASTOJCI** ...................................................................... 37
    **OBRADA** ....................................................................... 37

TRIK .................................................................................... 37
## KOLAČ OD TIKVICA I LOSOSA .................................................. 38
SASTOJCI ......................................................................... 38
OBRADA ........................................................................... 38
TRIK .................................................................................. 38
## ARTIČOKE SA ŠAMPINJONIMA I PARMEZANOM ............. 39
SASTOJCI ......................................................................... 39
OBRADA ........................................................................... 39
TRIK .................................................................................. 40
## MARINIRANI PATLIDŽAN ............................................................ 41
SASTOJCI ......................................................................... 41
OBRADA ........................................................................... 41
TRIK .................................................................................. 41
## JAGANE GRAH SA SERRANO ŠUNKOM ............................. 42
SASTOJCI ......................................................................... 42
OBRADA ........................................................................... 42
TRIK .................................................................................. 42
## TRINXAT ............................................................................................ 43
SASTOJCI ......................................................................... 43
OBRADA ........................................................................... 43
TRIK .................................................................................. 43
## GRATINIRANA BROKULA SA SLANINOM I AURORA UMAKOM ............................................................................................. 44
SASTOJCI ......................................................................... 44
OBRADA ........................................................................... 44
TRIK .................................................................................. 44

**CARDIONS SA KOZICAMA I ŠKOLJKAMA U ZELENOM UMAKU** ................................................................. 45
    SASTOJCI ............................................................................. 45
    OBRADA ............................................................................... 45
    TRIK ..................................................................................... 46

**KARAMELIZIRANI LUK** ......................................................... 47
    SASTOJCI ............................................................................. 47
    OBRADA ............................................................................... 47
    TRIK ..................................................................................... 47

**GLJIVE PUNJENE SERRANO ŠUNKOM I PESTOM** ............... 48
    SASTOJCI ............................................................................. 48
    OBRADA ............................................................................... 48
    TRIK ..................................................................................... 48

**CVJETAČA S ČEŠNJAKOM** .................................................... 49
    SASTOJCI ............................................................................. 49
    OBRADA ............................................................................... 49
    TRIK ..................................................................................... 49

**NARIBANA CVJETAČA** ......................................................... 50
    SASTOJCI ............................................................................. 50
    OBRADA ............................................................................... 50
    TRIK ..................................................................................... 50

**DUXELLE** ............................................................................. 51
    SASTOJCI ............................................................................. 51
    OBRADA ............................................................................... 51
    TRIK ..................................................................................... 51

**ENDIVIJA S DIMLJENIM LOSOSOM I CABRALAMA** ............. 52

SASTOJCI .................................................................................... 52

OBRADA ..................................................................................... 52

TRIK ............................................................................................ 52

**LOMBARDA SEGOVIANA** ............................................................... 53

SASTOJCI .................................................................................... 53

OBRADA ..................................................................................... 53

TRIK ............................................................................................ 53

**SALATA OD PEČENE PAPRIKE** ....................................................... 54

SASTOJCI .................................................................................... 54

OBRADA ..................................................................................... 54

TRIK ............................................................................................ 55

**FRANCUSKI GRAŠAK** .................................................................... 56

SASTOJCI .................................................................................... 56

OBRADA ..................................................................................... 56

TRIK ............................................................................................ 56

**KREMA OD ŠPINATA** ..................................................................... 57

SASTOJCI .................................................................................... 57

OBRADA ..................................................................................... 57

TRIK ............................................................................................ 57

**SOBE ZA DJECE S BIJELOM SAUTIFARROM** ................................ 58

SASTOJCI .................................................................................... 58

OBRADA ..................................................................................... 58

TRIK ............................................................................................ 58

**MAHUNE SA ŠUNKOM** .................................................................. 59

SASTOJCI .................................................................................... 59

OBRADA ..................................................................................... 59

TRIK ............................................................................................... 59
**JAGNJEĆI RAGU** ........................................................................ 60
    SASTOJCI ................................................................................ 60
    OBRADA .................................................................................. 60
    TRIK ........................................................................................ 61
**MILEFEULET OD PATLIĐANA S KOZJIM SIROM, MEDOM I CURRYJEM** ................................................................................ 62
    SASTOJCI ................................................................................ 62
    OBRADA .................................................................................. 62
    TRIK ........................................................................................ 62
**KOLAČ OD BIJELIH ŠPAROGA I DIMLJENOG LOSOSA** ...... 63
    SASTOJCI ................................................................................ 63
    OBRADA .................................................................................. 63
    TRIK ........................................................................................ 63
**PIQUILLO PAPRIKE PUNJENE CRNOM MAČKOM SA SLATKIM UMAKOM OD SENFA** .................................................. 64
    SASTOJCI ................................................................................ 64
    OBRADA .................................................................................. 64
    TRIK ........................................................................................ 64
**TARTLE S UMAKOM OD BADEMA** ........................................... 65
    SASTOJCI ................................................................................ 65
    OBRADA .................................................................................. 65
    TRIK ........................................................................................ 66
**PIŠTOLJ** ......................................................................................... 67
    SASTOJCI ................................................................................ 67
    OBRADA .................................................................................. 67

TRIK ............................................................................................ 67
**PORILUK S VINAIGRETOM OD POVRĆA** ............................... 69
    SASTOJCI ............................................................................. 69
    OBRADA ............................................................................... 69
    TRIK ...................................................................................... 69
**QUICHE OD PORILUKA, SLANINE I SIRA** ............................... 70
    SASTOJCI ............................................................................. 70
    OBRADA ............................................................................... 70
    TRIK ...................................................................................... 71
**PROVENZALE RAJČICE** ............................................................ 72
    SASTOJCI ............................................................................. 72
    OBRADA ............................................................................... 72
    TRIK ...................................................................................... 72
**PUNJENI LUK** .......................................................................... 73
    SASTOJCI ............................................................................. 73
    OBRADA ............................................................................... 73
    TRIK ...................................................................................... 73
**KREMA OD GLJIVA S ORAŠIMA** ............................................. 74
    SASTOJCI ............................................................................. 74
    OBRADA ............................................................................... 74
    TRIK ...................................................................................... 74
**KOLAČ OD RAJČICA I BOSILJKA** ............................................ 75
    SASTOJCI ............................................................................. 75
    OBRADA ............................................................................... 75
    TRIK ...................................................................................... 75
**VARIVA OD KRUMPIRA SA PILETINOM U CURRYJU** ......... 76

SASTOJCI ............................................................. 76

OBRADA .............................................................. 76

TRIK ................................................................. 77

TVRDO KUHANA JAJA ............................................... 78

SASTOJCI ............................................................. 78

OBRADA .............................................................. 78

TRIK ................................................................. 78

MATERIJAL KRUMPIR ............................................... 79

SASTOJCI ............................................................. 79

OBRADA .............................................................. 79

TRIK ................................................................. 79

MEKA JAJA S VRGANJIMA ......................................... 80

SASTOJCI ............................................................. 80

OBRADA .............................................................. 80

TRIK ................................................................. 81

KRUMPIR I BIJELA RUKA ........................................... 82

SASTOJCI ............................................................. 82

OBRADA .............................................................. 82

TRIK ................................................................. 82

KUHANI OMLET (ROPA VIEJA) ..................................... 84

SASTOJCI ............................................................. 84

OBRADA .............................................................. 84

TRIK ................................................................. 84

KRUMPIRI PUNJENI DIMLJENIM LOSOSOM, SLANINOM I PATLIĐANIMA ........................................................ 85

SASTOJCI ............................................................. 85

 OBRADA .................................................................. 85

 TRIK ....................................................................... 86

KROKETI OD KRUMPIRA I SIRA ............................... 86

 SASTOJCI .............................................................. 86

 OBRADA .................................................................. 86

 TRIK ....................................................................... 86

DOBRO PRŽENJE .............................................................. 87

 SASTOJCI .............................................................. 87

 OBRADA .................................................................. 87

 TRIK ....................................................................... 87

FLORENTINSKA JAJA ........................................................ 88

 SASTOJCI .............................................................. 88

 OBRADA .................................................................. 88

 TRIK ....................................................................... 88

VARIVA OD KRUMPIRA S MONKOM I KOZICAMA ........... 89

 SASTOJCI .............................................................. 89

 OBRADA .................................................................. 89

 TRIK ....................................................................... 90

FLAMENCO JAJA ............................................................... 91

 SASTOJCI .............................................................. 91

 OBRADA .................................................................. 91

 TRIK ....................................................................... 91

TORTILLA PAISANA ........................................................... 92

 SASTOJCI .............................................................. 92

 OBRADA .................................................................. 92

 TRIK ....................................................................... 92

**KUHANA JAJA SA KOBASICAMA I SENFOM** .................... 93
- SASTOJCI ................................................................. 93
- OBRADA .................................................................. 93
- TRIK ....................................................................... 93

**OMLET OD KRUMPIRA U UMAKU** .............................. 94
- SASTOJCI ................................................................. 94
- OBRADA .................................................................. 94
- TRIK ....................................................................... 95

**PURRUSALDA** ................................................................ 96
- SASTOJCI ................................................................. 96
- OBRADA .................................................................. 96
- TRIK ....................................................................... 96

**PEČENI KRUMPIRI** ....................................................... 98
- SASTOJCI ................................................................. 98
- OBRADA .................................................................. 98
- TRIK ....................................................................... 98

**ODREBANE GLJEVE** .................................................... 99
- SASTOJCI ................................................................. 99
- OBRADA .................................................................. 99
- TRIK ....................................................................... 99

**JAJA NA TANJURU SA INĆUNIMA I MASLINAMA** ........... 100
- SASTOJCI ................................................................ 100
- OBRADA ................................................................. 100
- TRIK ...................................................................... 101

**KREMA OD KRUMPIRA SA SLANINOM I PARMEZANOM** 101
- SASTOJCI ................................................................ 101

- OBRADA .................................................................. 101
- TRIK .................................................................. 102
- **TVRDO KUHANA JAJA** .................................................................. 102
  - SASTOJCI .................................................................. 102
  - OBRADA .................................................................. 102
  - TRIK .................................................................. 102
- **NABORANI KRUMPIR** .................................................................. 103
  - SASTOJCI .................................................................. 103
  - OBRADA .................................................................. 103
  - TRIK .................................................................. 103
- **POŠIRANA JAJA SA ŠAMPINJONIMA, KOZICAMA I TRIGUEROSIMA** .................................................................. 104
  - SASTOJCI .................................................................. 104
  - OBRADA .................................................................. 104
  - TRIK .................................................................. 105
- **KAGNUTI KRUMPIRI SA CHORIZOM I ZELENOM PAPRIKOM** .................................................................. 106
  - SASTOJCI .................................................................. 106
  - OBRADA .................................................................. 106
  - TRIK .................................................................. 106
- **KRUMPIR SIROMAHIMA** .................................................................. 107
  - SASTOJCI .................................................................. 107
  - OBRADA .................................................................. 107
  - TRIK .................................................................. 107
- **POŠIRANA JAJA VELIKOG KNEZA** .................................................................. 107
  - SASTOJCI .................................................................. 108

| | |
|---|---|
| OBRADA | 108 |
| TRIK | 108 |
| **KRUMPIR S REBRCIMA** | **109** |
| SASTOJCI | 109 |
| OBRADA | 109 |
| TRIK | 109 |
| **POHOVANA PEČENA JAJA** | **110** |
| SASTOJCI | 110 |
| OBRADA | 110 |
| TRIK | 110 |
| **KRUMPIR OD LJEŠNJAKA** | **111** |
| SASTOJCI | 111 |
| OBRADA | 111 |
| TRIK | 111 |
| **MEKA JAJA** | **112** |
| SASTOJCI | 112 |
| OBRADA | 112 |
| TRIK | 112 |
| **RIOJANA KRUMPIR** | **113** |
| SASTOJCI | 113 |
| OBRADA | 113 |
| TRIK | 113 |
| **KRUMPIR OD SIPE** | **114** |
| SASTOJCI | 114 |
| OBRADA | 114 |
| TRIK | 114 |

**OMELET OD KOZICA I ČEŠNJAKA** ............................................. 115
    SASTOJCI ............................................................................... 115
    OBRADA .................................................................................. 115
    TRIK ......................................................................................... 115

**PIRJANI KRUMPIR S BAKALOM** .................................................. 116
    SASTOJCI ............................................................................... 116
    OBRADA .................................................................................. 116
    TRIK ......................................................................................... 116

**PIRE KROMPIR** ............................................................................. 117
    SASTOJCI ............................................................................... 117
    OBRADA .................................................................................. 117
    TRIK ......................................................................................... 117

**OMLET OD GRAHA SA SANGUININOM** ..................................... 118
    SASTOJCI ............................................................................... 118
    OBRADA .................................................................................. 118
    TRIK ......................................................................................... 118

**PUNJENI ČEŠNJAKOM I TRIGUEROSIMA** .................................. 119
    SASTOJCI ............................................................................... 119
    OBRADA .................................................................................. 119
    TRIK ......................................................................................... 119

**PIRJANI KRUMPIRI SA SJECANIM KRUMPIROM** ...................... 120
    SASTOJCI ............................................................................... 120
    OBRADA .................................................................................. 120
    TRIK ......................................................................................... 120

**OMLET OD VRGANJA I KOZICA** ................................................. 122
    SASTOJCI ............................................................................... 122

| | |
|---|---|
| **OBRADA** | 122 |
| **TRIK** | 122 |

**GRATINIRANA JAJA** ............................................................. 123
    **SASTOJCI** ......................................................................... 123
    **OBRADA** ........................................................................... 123
    **TRIK** ................................................................................. 123

**OMLET OD TIKVICA I RAJČICA** ........................................... 124
    **SASTOJCI** ......................................................................... 124
    **OBRADA** ........................................................................... 124
    **TRIK** ................................................................................. 124

**REVOLCONA KRUMPIR S TORREZNOSOM** ......................... 125
    **SASTOJCI** ......................................................................... 125
    **OBRADA** ........................................................................... 125
    **TRIK** ................................................................................. 125

**OMLET OD GLJIVA I PARMEZANA** ...................................... 126
    **SASTOJCI** ......................................................................... 126
    **OBRADA** ........................................................................... 126
    **TRIK** ................................................................................. 126

**ČOKOLADNI ZEC S PRŽENIM BADEMIMA** .......................... 127
    **SASTOJCI** ......................................................................... 127
    **OBRADA** ........................................................................... 127
    **TRIK** ................................................................................. 128

**FINE CRIADILLAS OD UZGAJENE JANJEĆE BILJE** ............. 129
    **SASTOJCI** ......................................................................... 129
    **OBRADA** ........................................................................... 129
    **TRIK** ................................................................................. 129

MILANSKE SKALOPE ........................................................................... 130
    SASTOJCI ..................................................................................... 130
    OBRADA ...................................................................................... 130
    TRIK ............................................................................................. 130

VRTLARSKI MESNI GULAVAR ............................................................ 131
    SASTOJCI ..................................................................................... 131
    OBRADA ...................................................................................... 131
    TRIK ............................................................................................. 132

FLAMENKINI ........................................................................................ 133
    SASTOJCI ..................................................................................... 133
    OBRADA ...................................................................................... 133
    TRIK ............................................................................................. 133

FRICANDO TELETINA .......................................................................... 134
    SASTOJCI ..................................................................................... 134
    OBRADA ...................................................................................... 134
    TRIK ............................................................................................. 135

KAŠA SA CHORIZO I KOBASICAMA ................................................... 136
    SASTOJCI ..................................................................................... 136
    OBRADA ...................................................................................... 136
    TRIK ............................................................................................. 137

LACON S VRHOM REPE ...................................................................... 138
    SASTOJCI ..................................................................................... 138
    OBRADA ...................................................................................... 138
    TRIK ............................................................................................. 138

TELEĆA JETRA U UMAKU OD CRNOG VINA ..................................... 140
    SASTOJCI ..................................................................................... 140

    OBRADA .................................................................................. 140

    TRIK ........................................................................................ 141

ZEC U VARIVANJU ................................................................................. 142

    SASTOJCI ............................................................................... 142

    OBRADA .................................................................................. 142

    TRIK ........................................................................................ 143

SVINJSKI LUNGIT S BRESKVOM ........................................................ 144

    SASTOJCI ............................................................................... 144

    OBRADA .................................................................................. 144

    TRIK ........................................................................................ 144

ENTOMATO MAGRO ............................................................................. 145

    SASTOJCI ............................................................................... 145

    OBRADA .................................................................................. 145

    TRIK ........................................................................................ 145

SVINJSKI HLAČI U GULARU ................................................................. 146

    SASTOJCI ............................................................................... 146

    OBRADA .................................................................................. 146

    TRIK ........................................................................................ 147

MRVICE ..................................................................................................... 148

    SASTOJCI ............................................................................... 148

    OBRADA .................................................................................. 148

    TRIK ........................................................................................ 148

PUNJENI LUNGIT .................................................................................... 149

    SASTOJCI ............................................................................... 149

    OBRADA .................................................................................. 149

    TRIK ........................................................................................ 150

TELEĆA CARBONARA .................................................................. 151
    SASTOJCI ............................................................................. 151
    OBRADA ............................................................................... 151
    TRIK ...................................................................................... 152

JANJEĆI ŽELETAC S VRGANJIMA ................................................ 153
    SASTOJCI ............................................................................. 153
    OBRADA ............................................................................... 153
    TRIK ...................................................................................... 154

TELEĆI OSSOBUCO S NARANČOM ............................................. 155
    SASTOJCI ............................................................................. 155
    OBRADA ............................................................................... 155
    TRIK ...................................................................................... 156

KOBASICE U VINU ...................................................................... 157
    SASTOJCI ............................................................................. 157
    OBRADA ............................................................................... 157
    TRIK ...................................................................................... 157

ENGLESKA PITA MESNA ............................................................ 158
    SASTOJCI ............................................................................. 158
    OBRADA ............................................................................... 158
    TRIK ...................................................................................... 159

LEMLJENA GOVEĐA OKRUGLA .................................................. 160
    SASTOJCI ............................................................................. 160
    OBRADA ............................................................................... 160
    TRIK ...................................................................................... 161

RENI U JEREZU ........................................................................... 162
    SASTOJCI ............................................................................. 162

OBRADA..................................................................................................162

TRIK........................................................................................................163

MILANESASI OSSOBUCO...............................................................................164

SASTOJCI................................................................................................164

OBRADA..................................................................................................164

TRIK........................................................................................................165

IBERSKA TAJNA S DOMAĆIM CHIMICHURRI UMAKOM ...........................166

SASTOJCI................................................................................................166

OBRADA..................................................................................................166

TRIK........................................................................................................166

TELEĆA TUNA ...............................................................................................168

SASTOJCI................................................................................................168

OBRADA..................................................................................................168

TRIK........................................................................................................169

GOVEĐI REP..................................................................................................170

SASTOJCI................................................................................................170

OBRADA..................................................................................................170

TRIK........................................................................................................171

BROWNIE.......................................................................................................172

SASTOJCI................................................................................................172

OBRADA..................................................................................................172

TRIK........................................................................................................172

SORBE OD LIMUNA S MENTOM .................................................................173

SASTOJCI................................................................................................173

OBRADA..................................................................................................173

TRIK........................................................................................................173

ASTURIJSKI PUDING OD RIŽE ........................................................... 174
    SASTOJCI ..................................................................................... 174
    OBRADA ...................................................................................... 174
    TRIK ............................................................................................. 174

DOMAĆA RICOTTA S MEDOM I ORASIMA ..................................... 175
    SASTOJCI ..................................................................................... 175
    OBRADA ...................................................................................... 175
    TRIK ............................................................................................. 175

BISKVIT OD KAVE .............................................................................. 176
    SASTOJCI ..................................................................................... 176
    OBRADA ...................................................................................... 176
    TRIK ............................................................................................. 176

AMERIČKA PITA OD JABUKA ............................................................ 177
    SASTOJCI ..................................................................................... 177
    OBRADA ...................................................................................... 177
    TRIK ............................................................................................. 178

TORTA SOLETILLA ............................................................................. 179
    SASTOJCI ..................................................................................... 179
    OBRADA ...................................................................................... 179
    TRIK ............................................................................................. 179

PROFITEROLI ..................................................................................... 180
    SASTOJCI ..................................................................................... 180
    OBRADA ...................................................................................... 180
    TRIK ............................................................................................. 180

TART OD JABUKA TATIN .................................................................... 181
    SASTOJCI ..................................................................................... 181

OBRADA............................................................................................................ 181

TRIK................................................................................................................ 181

MOUSSE OD BIJELE ČOKOLADE I NARANČE ............................ 182

SASTOJCI ..................................................................................................... 182

OBRADA............................................................................................................ 182

TRIK................................................................................................................ 182

KREMA OD NARANČE ........................................................................... 183

SASTOJCI ..................................................................................................... 183

OBRADA............................................................................................................ 183

TRIK................................................................................................................ 183

TORTA OD JOGURT ................................................................................ 184

SASTOJCI ..................................................................................................... 184

OBRADA............................................................................................................ 184

TRIK................................................................................................................ 184

KOMPOT OD BANANA S RUŽMARINOM ................................... 185

SASTOJCI ..................................................................................................... 185

OBRADA............................................................................................................ 185

TRIK................................................................................................................ 185

CREME BRULEE ....................................................................................... 186

SASTOJCI ..................................................................................................... 186

OBRADA............................................................................................................ 186

TRIK................................................................................................................ 186

GYPSY ARM PUNJEN KREMOM ...................................................... 187

SASTOJCI ..................................................................................................... 187

OBRADA............................................................................................................ 187

TRIK................................................................................................................ 187

FLAN OD JAJA ..................................................................... 188
    SASTOJCI ..................................................................... 188
    OBRADA ....................................................................... 188
    TRIK .............................................................................. 188
CAVA JELLY S JAGODAMA .................................................. 189
    SASTOJCI ..................................................................... 189
    OBRADA ....................................................................... 189
    TRIK .............................................................................. 189
PALAČINKE ......................................................................... 190
    SASTOJCI ..................................................................... 190
    OBRADA ....................................................................... 190
    TRIK .............................................................................. 190
KOKA SVETI IVAN ............................................................... 191
    SASTOJCI ..................................................................... 191
    OBRADA ....................................................................... 191
    TRIK .............................................................................. 192
ŠALICA OD KOMPOT OD KRUŠKE SA MASCARPONEOM ......... 193
    SASTOJCI ..................................................................... 193
    OBRADA ....................................................................... 193
    TRIK .............................................................................. 193
ČOKOLADNI COULANT ....................................................... 195
    SASTOJCI ..................................................................... 195
    OBRADA ....................................................................... 195
    TRIK .............................................................................. 195
KOLAČ OD MRKVE I SIRA .................................................... 196
    SASTOJCI ..................................................................... 196

OBRADA .................................................................................. 196

TRIK ....................................................................................... 197

KATALONSKA KREMA ............................................................... 198

SASTOJCI ............................................................................. 198

OBRADA .............................................................................. 198

TRIK .................................................................................... 198

FRANCUSKI TOST ...................................................................... 200

SASTOJCI ............................................................................. 200

OBRADA .............................................................................. 200

TRIK .................................................................................... 200

KREMA PO NALAZI ................................................................... 201

SASTOJCI ............................................................................. 201

OBRADA .............................................................................. 201

TRIK .................................................................................... 201

FLAN OD BRESKVE I KOKOSA ................................................... 202

SASTOJCI ............................................................................. 202

OBRADA .............................................................................. 202

TRIK .................................................................................... 202

BIJELA ČOKOLADA I VOĆNI FONDUE ....................................... 203

SASTOJCI ............................................................................. 203

OBRADA .............................................................................. 203

TRIK .................................................................................... 203

CRVENO VOĆE SA SLATKIM VINOM OD METAVE ..................... 203

SASTOJCI ............................................................................. 204

OBRADA .............................................................................. 204

TRIK .................................................................................... 204

INTXAURSALSA (KREMA OD ORAHA) .................................................. 205
 SASTOJCI ................................................................................. 205
 OBRADA ................................................................................... 205
 TRIK .......................................................................................... 205
MLIJEKO ZA BEGU ............................................................................. 206
 SASTOJCI ................................................................................. 206
 OBRADA ................................................................................... 206
 TRIK .......................................................................................... 206
MAČJI JEZICI ...................................................................................... 207
 SASTOJCI ................................................................................. 207
 OBRADA ................................................................................... 207
 TRIK .......................................................................................... 207
NARANČASTI CUPCAKES .................................................................. 208
 SASTOJCI ................................................................................. 208
 OBRADA ................................................................................... 208
 TRIK .......................................................................................... 208
PEČENE JABUKE SA LUČIĆEM ......................................................... 209
 SASTOJCI ................................................................................. 209
 OBRADA ................................................................................... 209
 TRIK .......................................................................................... 209
KUHANI BEZE .................................................................................... 210
 SASTOJCI ................................................................................. 210
 OBRADA ................................................................................... 210
 TRIK .......................................................................................... 210
KREMA ................................................................................................ 211
 SASTOJCI ................................................................................. 211

OBRADA .................................................................................... 211

TRIK ........................................................................................ 211

LJUBIČASTI BOMBONI PANNA COTTA ................................................ 213

SASTOJCI ............................................................................... 213

OBRADA .................................................................................. 213

TRIK ....................................................................................... 213

# SALMOREJO CORDOBÉS

## SASTOJCI

1 **kg rajčice**

200 **g kruha**

2 **češnja češnjaka**

**Ocat**

100 **ml maslinovog ulja**

**sol**

## OBRADA

Sve dobro umutiti osim ulja i octa. Propasirati kroz sito i dodavati malo po malo uz dalje mućenje ulja. Dodajte sol i ocat.

## TRIK

Uklonite središnju klicu češnjaka kako se to više ne bi dogodilo.

# JUHA OD LUKA

## SASTOJCI

750 g luka
100 g maslaca
50 g ribanog sira
1 ½ litra pilećeg temeljca
1 kriška tosta po osobi
sol

## OBRADA

Polako zažutite juliened luk na maslacu. Poklopite i pirjajte oko 1 sat.

Kad luk omekša dodajte juhu i posolite.

Juhu ulijte u pojedinačne posude s prepečenim kruhom i sirom i gratinirajte.

## TRIK

Uspjeh ovog recepta je vrijeme potrebno za kuhanje luka. Možete dodati 1 cijeli režanj češnjaka, 1 grančicu majčine dušice i malo bijelog vina ili rakije.

# MINESTRON

## SASTOJCI

150 g rajčice
100 g kuhanog bijelog graha
100 g slanine
100 g kupusa
50 g mrkve
50 g repe
50 g zelenih mahuna
25 g sitnih makarona
50 g graška
3 češnja češnjaka
1 veliki poriluk
1 dl maslinovog ulja
sol

## OBRADA

Povrće očistite i sitno narežite. U zagrijanu tavu dodajte ulje, slaninu narezanu na komade i pržite 3 minute. Dodajte nasjeckane cherry rajčice i pirjajte ih dok ne izgube vodu.

Ulijte juhu, prokuhajte i dodajte nasjeckano povrće. Kad omekšaju dodajte mahune i makarone. Kuhajte dok se tjestenina ne skuha i posolite.

**TRIK**

U mnogim dijelovima Italije uz ovu ukusnu juhu ide dobra žlica pesta po večeri.

# JUHA OD JASTOGA

## SASTOJCI

1 ½ kg jastoga

250 g rajčice

200 g poriluka

150 g maslaca

100 g mrkve

100 g luka

75 g riže

1 ½ l riblje juhe

¼ l vrhnja

1 dl rakije

1 dl vina

1 grančica majčine dušice

2 lista lovora

Sol i papar

## OBRADA

Jastoga narežite na komade i zažutite na 50 g maslaca dok ne porumene. Flambirajte rakijom i zalijte vinom. Poklopiti i kuhati 15 min.

Rezervirajte meso jastoga. Njihove trupove sameljite zajedno s rakijom, kuhanim vinom i fumetom. Otiđi do Kineza i rezerviraj.

Povrće (prema tvrdoći) narezano na sitne komadiće zažutiti na ostatku maslaca. Na kraju dodajte cherry rajčice. Ulijte odloženu juhu, dodajte aromatično bilje i rižu. Kuhajte 45 minuta. Zdrobite i pasirajte kroz sito. Ulijte vrhnje i kuhajte još 5 minuta.

Uz vrhnje poslužite jastoga narezanog na komade.

## TRIK

Flambiranje znači spaljivanje alkoholnog pića tako da alkohol nestane, ali ne i okus. Važno je to učiniti s isključenim ekstraktorom.

# VARIVO OD POVRĆA

## SASTOJCI

150 g serrano šunke narezane na kockice

150 g zelenih mahuna

150 g cvjetače

150 g graška

150 g boba

2 žlice brašna

3 artičoke

2 tvrdo kuhana jaja

2 mrkve

1 luk

1 režanj češnjaka

1 limun

Maslinovo ulje

sol

## OBRADA

Očistite artičoke tako da im uklonite vanjske listove i vrhove. Kuhajte u kipućoj vodi dok ne omekša s 1 žlicom brašna i limunovim sokom. Ažurirajte i rezervirajte.

Ogulite i narežite mrkvu na srednje komade. Mahunama uklonite vezice i krajeve te ih prerežite na 3 dijela. Cvjetači izvadite cvjetiće. Zakuhajte vodu i kuhajte svako povrće posebno dok ne omekša. Ažurirajte i rezervirajte.

Smanjite juhu od povrća za pola (osim artičoka).

Luk i češnjak sitno nasjeckajte. Zapržite 10 minuta s kockicama serrano šunke. Dodajte drugu žlicu brašna i pržite još 2 minute. Dodajte 150 ml juhe od povrća. Promiješajte i kuhajte 5 minuta. Dodajte povrće i tvrdo kuhana jaja narezana na četvrtine. Kuhajte 2 minute i posolite.

## TRIK

Povrće se mora posebno kuhati jer nema isto vrijeme kuhanja.

# DOMAĆE ČESTITKE

## SASTOJCI

1 ¼ **kg cikle**

750 **g krumpira**

3 **češnja češnjaka**

2 **dl maslinovog ulja**

**sol**

## OBRADA

Blitvu operite, a listove narežite na veće komade. Peteljke očistiti i narezati na štapiće. Listove i stabljike kuhajte 5 minuta u kipućoj slanoj vodi. Osvježite, ocijedite i rezervirajte.

U istoj vodi kuhajte oguljeni i oguljeni krumpir 20 minuta. Ocijediti i rezervisati.

Na ulju zažutite oguljeni i narezani češnjak. Dodajte stabljike, lišće, krumpir i pirjajte 2 minute. Posolite.

## TRIK

Peteljke možete koristiti za punjenje šunkom i sirom. Zatim se istuku i prže.

# KOLAČ OD TIKVICA I LOSOSA

## SASTOJCI

400 g tikvica

200 g svježeg lososa (bez kostiju)

750 ml vrhnja

6 jaja

1 luk

Maslinovo ulje

Sol i papar

## OBRADA

Luk sitno nasjeckajte i prodinstajte na malo ulja. Tikvice narežite na kockice i dodajte ih luku. Zapržite na srednjoj vatri 10 minuta.

Miksajte i dodajte ½ l vrhnja i 4 jaja dok ne dobijete finu smjesu.

Stavite u pojedinačne kalupe koje ste prethodno namastili i pobrašnili i pecite na 170°C u pećnici oko 10 minuta.

U međuvremenu na malo ulja lagano zažutite kockice lososa. Posolite, popaprite i izmiksajte s ostatkom vrhnja i 2 jaja. Dodajte preko torte od tikvica. Nastavite kuhati još 20 minuta ili dok se dobro ne stegne.

## TRIK

Poslužite vruće popraćeno prethodno nasjeckanom majonezom s nekoliko niti prepečenog šafrana.

# ARTIČOKE SA ŠAMPINJONIMA I PARMEZANOM

**SASTOJCI**

1 ½ **kg artičoka**

200 **g šampinjona**

50 **g parmezana**

1 **čaša bijelog vina**

3 **velike rajčice**

1 **vlasac**

1 **limun**

**Maslinovo ulje**

**Sol i papar**

**OBRADA**

Artičoke ogulite, uklonite peteljku, tvrđe vanjske listove i vrh. Narežite na četvrtine i natrljajte limunom da ne oksidira. rezerva.

Polako zažutite nasjeckani luk. Pojačati vatru i dodati očišćene i narezane gljive. Kuhajte 3 minute. Ulijte vino i dodajte naribane cherry rajčice i artičoke. Poklopite i kuhajte 10 minuta ili dok artičoke ne omekšaju, a umak se zgusne.

Tanjur, začiniti i posuti parmezanom.

**TRIK**

Još jedan način da spriječite oksidaciju artičoka je da ih potopite u hladnu vodu s puno svježeg peršina.

# MARINIRANI PATLIDŽAN

## SASTOJCI

2 veća patlidžana

3 žlice soka od limuna

3 žlice nasjeckanog svježeg peršina

2 žlice protisnutog češnjaka

1 žlica mljevenog kima

1 žlica cimeta

1 žlica ljute paprike

Maslinovo ulje

sol

## OBRADA

Patlidžane narežite na ploške po dužini. Posolite i ostavite da odstoji na kuhinjskom papiru 30 minuta. Isperite s puno vode i sačuvajte.

Ploške patlidžana prelijte s malo ulja i soli i pecite 25 minuta na 175ºC.

Pomiješajte ostale sastojke u zdjeli. U smjesu dodajte patlidžane i promiješajte. Pokrijte i ostavite u hladnjaku 2 sata.

## TRIK

Kako bi patlidžani izgubili gorčinu, mogu se namočiti i u mlijeku s malo soli 20 minuta.

# JAGANE GRAH SA SERRANO ŠUNKOM

## SASTOJCI
1 staklenka mahuna u ulju
2 češnja češnjaka
4 kriške serrano šunke
1 vlasac
2 jaja
Sol i papar

## OBRADA
Ocijedite ulje iz graha u tavu. Ovdje zažutite nasjeckani luk, narezan češnjak i šunku narezanu na tanke trakice. Pojačajte vatru, dodajte mahune i pržite ih 3 minute.

Posebno umutiti jaja i začiniti ih solju i paprom. Grah prelijte jajima i ne prestajući miješati pustite da se malo zgusne.

## TRIK
U umućena jaja dodajte malo vrhnja ili mlijeka da budu topljivija.

# TRINXAT

## SASTOJCI

1 kg kupusa

1 kg krumpira

100 g slanine

5 češnja češnjaka

Maslinovo ulje

sol

## OBRADA

Kupus očistite od listova, operite i narežite na tanke ploške. Ogulite i narežite krumpir na četvrtine. Sve zajedno kuhajte 25 minuta. Izvadite ga i vrućeg zgnječite vilicom dok ne dobijete pire.

U tavi zažutite narezani češnjak i slaninu narezanu na trakice. Dodajte ga prethodnoj smjesi od krumpira i pržite 3 minute sa svake strane kao da je omlet od krumpira.

## TRIK

Kupus je potrebno dobro ocijediti nakon kuhanja jer se inače trinxat neće dobro zapeći.

# GRATINIRANA BROKULA SA SLANINOM I AURORA UMAKOM

## SASTOJCI

150 g slanine u trakicama
1 velika brokula
Aurora umak (pogledajte odjeljak Juhe i umaci)
Maslinovo ulje
Sol i papar

## OBRADA

U tavi dobro zažutite trakice slanine i ostavite ih sa strane.

Brokulu podijelite na hrpice i kuhajte je u puno slane vode 10 minuta ili dok ne omekša. Ocijedite i stavite u lim za pečenje.

Na brokulu stavite slaninu, zatim Aurora umak i pecite na najjačoj temperaturi dok ne porumeni.

## TRIK

Kako biste smanjili miris brokule, dodajte dobru kapljicu octa u vodu za kuhanje.

# CARDIONS SA KOZICAMA I ŠKOLJKAMA U ZELENOM UMAKU

**SASTOJCI**

500 g kuhanih karduna

2 dcl bijelog vina

2 dl riblje juhe

2 žlice nasjeckanog svježeg peršina

1 žlica brašna

20 školjki

4 češnja češnjaka

1 luk

Maslinovo ulje

sol

**OBRADA**

Luk i češnjak narežite na sitno. Polako pržite 15 minuta na 2 žlice ulja.

Dodajte brašno i pržite 2 minute uz stalno miješanje. Pojačajte vatru, ulijte vino i pustite da potpuno ispari.

Ulijte temeljac i kuhajte 10 minuta na laganoj vatri uz stalno miješanje. Dodajte peršin i posolite.

Dodajte školjke i prethodno očišćene kartone. Poklopite i kuhajte 1 minutu dok se školjke ne otvore.

**TRIK**

Peršin se ne smije prekuhati da ne izgubi boju i postane smećkast.

# KARAMELIZIRANI LUK

## SASTOJCI
2 velike glavice luka

2 žlice šećera

1 čajna žličica Modena ili Sherry octa

## OBRADA
Polako pržite julien luk, pokriven, dok ne postane proziran.

Otklopite i kuhajte dok ne porumene. Dodajte šećer i kuhajte još 15 minuta. Pokvasite octom i kuhajte još 5 minuta.

## TRIK
Za omlet s ovom količinom karameliziranog luka koristite 800 g krumpira i 6 jaja.

# GLJIVE PUNJENE SERRANO ŠUNKOM I PESTOM

## SASTOJCI

500 g svježih gljiva

150 g serano šunke

1 mladi luk, sitno nasjeckan

Pesto (pogledajte odjeljak Juhe i umaci)

## OBRADA

Luk i šunku jako sitno nasjeckajte. Polako ih pržite 10 minuta. Neka se ohlade.

Očistite i uklonite deblo gljive. Pržite ih naopačke u tavi 5 minuta.

Gljive nadjenite šunkom i vlascem, na vrh stavite malo pesta i pecite na 200°C oko 5 minuta.

## TRIK

Nema potrebe dodavati sol jer su šunka i pesto malo slani.

# CVJETAČA S ČEŠNJAKOM

## SASTOJCI

1 veća cvjetača

1 žlica slatke paprike

1 žlica octa

2 češnja češnjaka

8 žlica maslinovog ulja

sol

## OBRADA

Cvjetaču podijelite na hrpice i kuhajte ih u puno slane vode 10 minuta ili dok ne budu kuhane.

Češnjak nafilirati i zažutiti na ulju. Maknite posudu s vatre i dodajte papriku. Zapržite 5 sekundi i dodajte ocat. Posolite i začinite umakom.

## TRIK

Da bi cvjetača kod kuhanja manje mirisala, u vodu dodajte 1 čašu mlijeka.

# NARIBANA CVJETAČA

### SASTOJCI

100 g ribanog parmezana

1 veća cvjetača

2 žumanjka

Bešamel (vidi odjeljak Bujoni i umaci)

### OBRADA

Cvjetaču podijelite na hrpice i kuhajte ih u puno slane vode 10 minuta ili dok ne budu kuhane.

Dodajte ga u bešamel (kad ga maknete s vatre) nastavljajući mutiti žumanjke i sir.

Stavite cvjetaču u tavu i začinite je bešamelom. Gratinirajte na najvećoj temperaturi dok površina ne porumeni.

### TRIK

Kada se u bešamel doda naribani sir i žumanjci, dobije se novi umak koji se zove Mornay.

# DUXELLE

### SASTOJCI
500 **g šampinjona**
100 **g maslaca**
100 **g vlasca (ili luka)**
**Sol i papar**

### OBRADA
Šampinjone očistite i narežite na što sitnije komade.

Na maslacu popržite luk narezan na vrlo sitne komade i dodajte gljive. Pržiti dok potpuno ne izgubi tekućina. Sezona.

### TRIK
Može biti savršen prilog, nadjev ili čak prvo jelo. Duxelle od gljiva s poširanim jajima, pileća prsa punjena duxelleom itd.

# ENDIVIJA S DIMLJENIM LOSOSOM I CABRALAMA

**SASTOJCI**

200 g vrhnja

150 g dimljenog lososa

100 g sira Cabrales

50 g oguljenih oraha

6 glavica endivije

Sol i papar

**OBRADA**

Endiviji skinite listove, dobro je operite hladnom vodom i uronite u ledenu vodu na 15 minuta.

U zdjeli pomiješajte sir, losos narezan na trakice, orahe, vrhnje, sol i papar i ovim umakom napunite endiviju.

**TRIK**

Pranje endivije hladnom vodom i namakanje u ledenoj vodi pomaže u uklanjanju njene gorčine.

# LOMBARDA SEGOVIANA

## SASTOJCI

40 g pinjola

40 g grožđica

1 žlica paprike

3 češnja češnjaka

1 crveni kupus

1 jabuka s cimetom

Maslinovo ulje

sol

## OBRADA

Uklonite središnju stabljiku i vanjske listove crvenog kupusa i narežite ga na julienne trake. Jabuci očistite jezgru bez vađenja kore i narežite je na četvrtine. Crveni kupus, grožđice i jabuku kuhajte 90 min. Ocijediti i rezervisati.

Češnjak narežite na ploške i zažutite na tavi. Dodajte pinjole i tostirajte ih. Dodajte papriku i dodajte crveni kupus sa grožđicama i jabukom. Smeđe 5 minuta.

## TRIK

Kako crveni kupus ne bi izgubio boju, počnite kuhati s kipućom vodom i dodajte malo octa.

# SALATA OD PEČENE PAPRIKE

## SASTOJCI

3 rajčice

2 patlidžana

2 luka

1 crvena paprika

1 glavica češnjaka

Ocat (po izboru)

Ekstra djevičansko maslinovo ulje

sol

## OBRADA

Zagrijte pećnicu na 170ºC.

**Operite patlidžan, papriku i rajčicu, a luk ogulite. Svo povrće posložite u lim za pečenje i obilno ga pokapajte uljem. Pecite 1 sat uz povremeno okretanje da se ravnomjerno ispeku. Izvadite ih onako kako su napravljeni.**

**Papriku ostaviti da se ohladi, odstraniti koru i sjemenke. Papriku, luk i patlidžane narežite na julienne trake, čak i bez sjemenki. Laganim pritiskom izvadite režnjeve češnjaka iz pečene glavice.**

**Pomiješajte sve povrće u zdjeli, začinite s prstohvatom soli i uljem. Možete dodati i nekoliko kapi octa.**

**TRIK**

**Koru patlidžana i rajčice poželjno je zarezati kako tijekom kuhanja ne bi prsnuli i time ih lakše ogulili.**

# FRANCUSKI GRAŠAK

## SASTOJCI

850 g očišćenog graška

250 g luka

90 g serano šunke

90 g maslaca

1 l mesne juhe

1 žlica brašna

1 čista zelena salata

sol

## OBRADA

Na maslacu zažutite nasjeckani luk i šunku narezanu na kockice. Dodajte brašno i pržite 3 minute.

Ulijte juhu i kuhajte još 15 minuta uz povremeno miješanje. Dodajte grašak i kuhajte 10 minuta na srednjoj vatri.

Dodajte fini julienne od zelene salate i kuhajte još 5 minuta. Dodajte prstohvat soli.

## TRIK

Grašak kuhajte nepoklopljen da ne posivi. Dodate li prstohvat šećera tijekom kuhanja, okus graška se pojačava.

# KREMA OD ŠPINATA

**SASTOJCI**

¾ kg svježeg špinata

45 g maslaca

45 g brašna

½ litre mlijeka

3 češnja češnjaka

Muškatni oraščić

Maslinovo ulje

Sol i papar

**OBRADA**

Pripremite bešamel od otopljenog maslaca i brašna. Polako pržite 5 minuta i dodajte mlijeko uz stalno miješanje. Kuhajte 15 minuta i začinite solju, paprom i muškatnim oraščićem.

Skuhajte špinat u dosta posoljene vode. Ocijedite ih, ostavite da se ohlade i dobro pritisnite da se potpuno osuše.

Češnjak nasjeckati na kockice i pržiti na ulju 1 minutu. Dodajte špinat i pirjajte na srednjoj vatri 5 minuta.

Pomiješajte špinat s bešamelom i kuhajte uz stalno miješanje još 5 minuta.

**TRIK**

Poslužite s nekoliko trokutića prepečenog narezanog kruha.

# SOBE ZA DJECE S BIJELOM SAUTIFARROM

**SASTOJCI**

1 staklenka mahuna u ulju

2 češnja češnjaka

1 bijela kobasica

1 vlasac

Maslinovo ulje

sol

**OBRADA**

Ocijedite ulje iz graha u tavu. Na tom ulju zažutiti luk i češnjak narezan na sitne komadiće i dodati kobasicu narezanu na kockice.

Kuhajte 3 minute dok lagano ne porumene. Pojačajte vatru, dodajte mahune i pržite ih još 3 minute. Dodajte prstohvat soli.

**TRIK**

Može se pripremiti i sa zelenim grahom. Da biste to učinili, kuhajte u hladnoj vodi 15 minuta ili dok ne omekša. Osvježite vodom i ledom i ogulite. Zatim pripremite recept na isti način.

# MAHUNE SA ŠUNKOM

## SASTOJCI

600 g mahuna

150 g serano šunke

1 žličica paprike

5 rajčica

3 češnja češnjaka

1 luk

Maslinovo ulje

sol

## OBRADA

Mahunama odrežite strane i krajeve i narežite ih na veće komade. Kuhajte u kipućoj vodi 12 min. Ocijediti, ohladiti i rezervisati.

Luk i češnjak narežite na sitno. Polako pržite 10 minuta i dodajte Serrano šunku. Pecite još 5 minuta. Dodajte papriku i naribane cherry rajčice i pirjajte dok ne izgube svu vodu.

U umak dodajte mahune i kuhajte još 3 minute. Dodajte prstohvat soli.

## TRIK

Serrano šunku možete zamijeniti chorizom.

# JAGNJEĆI RAGU

## SASTOJCI

450 g janjećeg mesa
200 g zelenih mahuna
150 g oguljenog boba
150 g graška
2 l mesne juhe
2 dcl crnog vina
4 srca artičoke
3 češnja češnjaka
2 velike rajčice
2 velika krumpira
1 zelena paprika
1 crvena paprika
1 luk
Maslinovo ulje
Sol i papar

## OBRADA

Janjetinu nasjeckajte, začinite i zapecite na jakoj vatri. Izvadite i rezervirajte.

Na istom ulju lagano zažutite nasjeckani češnjak i luk 10 minuta. Dodajte naribane cherry rajčice i kuhajte dok voda potpuno ne ispari. Uliti vino i ostaviti da se reducira. Zalijte temeljcem, dodajte janjetinu i kuhajte 50 minuta ili dok meso ne omekša. Sezona.

Posebno u drugom loncu zažutite papriku narezanu na kockice, grašak, artičoke narezane na četvrtine, mahune narezane na 8 komada i mahune. Ulijte juhu od kuhanja janjetine i lagano kuhajte 5 minuta. Dodajte oguljeni i na kockice narezani krumpir. Kuhajte dok ne omekša. Dodajte janjetinu i malo juhe od kuhanja.

**TRIK**

**Grašak kuhajte nepoklopljen da mu boja ne postane sivkasta.**

# MILEFEULET OD PATLIĐANA S KOZJIM SIROM, MEDOM I CURRYJEM

## SASTOJCI

200 g kozjeg sira
1 patlidžan
Med
Curry
Brašno
Maslinovo ulje
sol

## OBRADA

Patlidžan narežite na tanke ploške, stavite na upijajući papir i posolite s obje strane. Pustite da odstoji 20 minuta. Očistite od viška soli, pospite brašnom i pržite.

Sir narežite na tanke ploške. Slažite slojeve patlidžana i sira. Pecite 5 minuta na 160ºC.

Na tanjur dodajte 1 žličicu meda i prstohvat curryja na svaku krišku patlidžana.

## TRIK

Rezanje patlidžana i ostavljanje u soli uklanja svu gorčinu.

# KOLAČ OD BIJELIH ŠPAROGA I DIMLJENOG LOSOSA

## SASTOJCI
400 g šparoga iz konzerve
200 g dimljenog lososa
½ l vrhnja
4 jaja
Brašno
Maslinovo ulje
Sol i papar

## OBRADA
Sve sastojke blendajte dok ne dobijete finu smjesu. Procijedite kako biste izbjegli niti šparoga.

Ulijte u pojedinačne kalupe koje ste prethodno namazali maslacem i pobrašnili. Pecite na 170ºC 20 minuta. Može se uzimati topao ili hladan.

## TRIK
Savršen prilog je majoneza od nasjeckanih listova svježeg bosiljka.

# PIQUILLO PAPRIKE PUNJENE CRNOM MAČKOM SA SLATKIM UMAKOM OD SENFA

## SASTOJCI

125 ml vrhnja

8 žlica senfa

2 žlice šećera

12 piquillo papričica

2 crna pudinga

Lančanici

Brašno i jaja (za premazivanje)

Maslinovo ulje

## OBRADA

Crni puding izmrvite i zažutite sa šakom pinjola na vrućoj tavi. Pustiti da se ohlade i puniti paprike. Umočite ih u brašno i jaje i pržite na dosta ulja.

Kuhajte vrhnje sa senfom i šećerom dok se ne zgusne. Poslužite paprike s pikantnim umakom.

## TRIK

Paprike morate pržiti malo po malo i na jako zagrijanom ulju.

# TARTLE S UMAKOM OD BADEMA

## SASTOJCI

900 g kuhanih karduna

75 g granuliranih badema

50 g brašna

50 g maslaca

1 litra pileće juhe

1 dl bijelog vina

1 dl vrhnja

1 žlica nasjeckanog svježeg peršina

2 češnja češnjaka

2 žumanjka

1 luk

Maslinovo ulje

Sol i papar

## OBRADA

Polako zažutite bademe i brašno na maslacu 3 minute. Uz miješanje ulijte pileću juhu i kuhajte još 20 minuta. Dodati vrhnje i, skinuvši s vatre, dodati žumanjke uz dalje miksanje. Sezona.

Posebno na ulju zažutite luk i češnjak narezan na kockice. Dodajte kardone, pojačajte vatru i dodajte vino. Neka se potpuno reducira.

U kardunu dodajte juhu i poslužite posuto peršinom.

## TRIK

**Nemojte pregrijavati umak nakon što su žumanjci dodani kako se ne bi zgrušali i umak ostao grudast.**

# PIŠTOLJ

## SASTOJCI

4 zrele rajčice

2 zelene paprike

2 tikvice

2 luka

1 crvena paprika

2-3 češnja češnjaka

1 žličica šećera

Maslinovo ulje

sol

## OBRADA

Rajčice blanširajte, skinite kožicu i narežite na kockice. Ogulite i narežite luk i tikvice na kockice. Paprike očistite od sjemenki, a pulpu narežite na kockice.

Na malo ulja zapržite češnjak i luk 2 minute. Dodajte paprike i nastavite pržiti još 5 minuta. Dodajte tikvice i pržite ih još par minuta. Na kraju dodajte rajčice i kuhajte dok ne izgube svu vodu. Namjestite šećer i sol i zakuhajte.

## TRIK

Možete koristiti pulpu rajčice iz konzerve ili dobar umak od rajčice.

# PORILUK S VINAIGRETOM OD POVRĆA

## SASTOJCI

8 poriluka

2 češnja češnjaka

1 zelena paprika

1 crvena paprika

1 vlasac

1 krastavac

12 žlica ulja

4 žlice octa

Sol i papar

## OBRADA

Papriku, vlasac, češnjak i krastavac sitno nasjeckajte. Pomiješajte s uljem, octom, soli i paprom. Ukloniti.

Poriluk očistite i kuhajte u kipućoj vodi 15 minuta. Izvadite ih iz pećnice, osušite i svaku narežite na 3 dijela. Jelo i umak s vinaigretteom.

## TRIK

Pripremite vinaigrette od rajčice, vlasca, kapara i crnih maslina. Poriluk gratinirajte mozzarellom i zažutite. divno.

# QUICHE OD PORILUKA, SLANINE I SIRA

## SASTOJCI

200 g sira Manchego

1 l vrhnja

8 jaja

6 većih očišćenih poriluka

1 pakiranje dimljene slanine

1 paket smrznutog lisnatog tijesta

Brašno

Maslinovo ulje

Sol i papar

## OBRADA

Kalup premažite maslacem i pobrašnite te ga obložite lisnatim tijestom. Stavite aluminijsku foliju i malo mahunarki na vrh da se ne digne i pecite 15 minuta na 185ºC.

U međuvremenu polagano zažutite sitno nasjeckani poriluk. Dodajte sitno sjeckanu slaninu.

Umućena jaja pomiješajte s vrhnjem, porilukom, slaninom i naribanim sirom. Začinite solju i paprom, stavite ovu smjesu na vrh lisnatog tijesta i pecite u pećnici na 165ºC 45 minuta ili dok se ne stegne.

## TRIK

**Da biste provjerili čvrstoću quichea, iglom izbodite sredinu. Ako izađe suha to je znak da je torta već gotova.**

# PROVENZALE RAJČICE

## SASTOJCI
100 g krušnih mrvica

4 rajčice

2 češnja češnjaka

Peršin

Maslinovo ulje

Sol i papar

## OBRADA

Češnjak ogulite i nasjeckajte na sitne komadiće te ga pomiješajte s krušnim mrvicama. Cherry rajčice prerežite na pola i izvadite im sjemenke.

Zagrijte ulje u tavi i dodajte cherry rajčice prerezane strane prema dolje. Kada se koža počne podizati na rubovima, okrenite je. Kuhajte još 3 minute i stavite ih u posudu za pečenje.

U istoj tavi zažutite smjesu kruha i češnjaka. Nakon što su tostirani, pospite ih cherry rajčicama. Zagrijte pećnicu na 180°C i pecite ih 10 minuta, pazeći da se ne presuše.

## TRIK

Obično se jede kao prilog, ali i kao glavno jelo uz lagano zapečenu mozzarellu.

# PUNJENI LUK

## SASTOJCI
125 g mljevenog mesa

125 g slanine

2 žlice umaka od rajčice

2 žlice krušnih mrvica

4 velike glavice luka

1 jaje

Maslinovo ulje

Sol i papar

## OBRADA
Nasjeckanu slaninu i posoljeno mljeveno meso zažutite dok ne izgubi ružičastu boju. Dodajte rajčicu i kuhajte još 1 minutu.

Meso pomiješajte s jajetom i prezlama.

Uklonite prvi sloj luka i njihove temeljce. Kuhajte poklopljeno u vodi 15 min. Posušiti, odstraniti sredinu i puniti mesom. Pecite 15 minuta na 175ºC.

## TRIK
Mornay umak možete pripremiti tako da pola mlijeka zamijenite vodom od kuhanja luka. Umak na vrh i gratinirati.

# KREMA OD GLJIVA S ORAŠIMA

## SASTOJCI

1 kg miješanih gljiva

250 ml vrhnja

125 ml rakije

2 češnja češnjaka

orasi

Maslinovo ulje

Sol i papar

## OBRADA

U loncu zažutite narezan češnjak. Pojačati vatru i dodati očišćene i narezane gljive. Smeđe 3 minute.

Namočiti rakijom i ostaviti da se reducira. Ulijte vrhnje i lagano kuhajte još 5 minuta. Šaku oraha zdrobite u mužaru i prelijte.

## TRIK

Dobra opcija su uzgojene gljive, pa čak i one dehidrirane.

# KOLAČ OD RAJČICA I BOSILJKA

**SASTOJCI**

½ l vrhnja

8 žlica pirea od rajčice (pogledajte odjeljak Juhe i umaci)

4 jaja

8 listova svježeg bosiljka

Brašno

Maslinovo ulje

Sol i papar

**OBRADA**

Pomiješajte sve sastojke dok ne dobijete glatku pastu.

Zagrijte pećnicu na 170ºC. Izlijte u pojedinačne kalupe, prethodno pobrašnjene i namašćene, i pecite 20 minuta.

**TRIK**

Sjajna je opcija koristiti ostatke umaka od rajčice iz drugog recepta.

# VARIVA OD KRUMPIRA SA PILETINOM U CURRYJU

**SASTOJCI**

1 kg krumpira

½ l pileće juhe

2 pileća prsa

1 žlica curryja

2 češnja češnjaka

2 rajčice

1 luk

1 list lovora

Maslinovo ulje

Sol i papar

**OBRADA**

Prsa narežite na srednje kocke. Začinite solju i paprom i popržite na vrućem ulju. Izvadite i rezervirajte.

Na istom ulju pirjati na laganoj vatri luk i češnjak narezan na kockice 10 minuta. Dodajte curry i pirjajte još minutu. Dodajte naribane cherry rajčice, pojačajte vatru i kuhajte dok rajčica ne izgubi svu vodu.

Ogulite i ogulite krumpir. Dodajte ih u umak i kuhajte 3 minute. Ulijte juhu i lovorov list. Kuhajte na laganoj vatri dok krumpir ne bude kuhan te začinite solju i paprom.

## TRIK

Izvadite malo juhe i par krumpira te ih zgnječite vilicom dok ne postanu pire. Vratite u gulaš i kuhajte 1 minutu uz stalno miješanje. Tako ćete zgusnuti juhu bez potrebe za brašnom.

# TVRDO KUHANA JAJA

### SASTOJCI
8 jaja
Tostirani kruh
Sol i papar

### OBRADA
Stavite jaja u lonac preliven hladnom vodom i soli. Kuhajte dok voda lagano ne provrije. Ostavite na vatri 3 minute.

Izvadite jaje i ohladite ga u vodi i ledu. Pažljivo slomite gornju ljusku kao da je šešir. Začinite solju i paprom i začinite tostiranim grisnim štapićima.

### TRIK
Važno je da se tijekom prve minute jaje pomakne tako da žumanjak bude u sredini.

# MATERIJAL KRUMPIR

## SASTOJCI
1 **kg krumpira**
¾ **l riblje juhe**
1 **mala čaša bijelog vina**
1 **žlica brašna**
2 **češnja češnjaka**
1 **luk**
**Brašno i jaja** (za premazivanje)
**Peršin**
**Maslinovo ulje**

## OBRADA
Krompir ogulite i narežite na ne baš deblje ploške. Pobrašnite i umočite u jaje. Popržite i ostavite sa strane.

Posebno zažutite luk i nasjeckani češnjak. Dodajte i zažutite žlicu brašna te zalijte vinom. Ostaviti da se reducira dok se skoro ne osuši i pokvasiti stripom. Kuhajte 15 minuta na laganoj vatri. Posolite i dodajte peršin.

Dodajte krumpir u umak i kuhajte dok ne omekša.

## TRIK
Možete dodati nekoliko komadića grdobine ili oslića i škampa.

# MEKA JAJA S VRGANJIMA

## SASTOJCI

8 **jaja**

150 **g suhih vrganja**

50 **g maslaca**

50 **g brašna**

1 **dl slatkog vina**

2 **češnja češnjaka**

**Muškatni oraščić**

**Ocat**

**Ulje**

**Sol i papar**

## OBRADA

Vrganje hidratizirajte oko 1 sat u 1 litri vrele vode. U međuvremenu kuhajte jaja u kipućoj vodi sa soli i octom 5 minuta. Izvadite i odmah osvježite u ledenoj vodi. Pažljivo oguliti.

Filtrirajte vrganje i ostavite vodu. Češnjak narežite na ploške i lagano zažutite na ulju. Dodajte vrganje i kuhajte 2 minute na jakoj vatri. Posolite, popaprite i ulijte slatko vino dok se ne reducira, a umak ostane suh.

U loncu rastopite maslac s brašnom. Zapržite na laganoj vatri 5 minuta bez prestanka miješanja. Ulijte vodu da se vrganji hidratiziraju. Kuhajte 15 minuta na laganoj vatri uz stalno miješanje. Posolite, popaprite i dodajte muškatni oraščić.

Poslužite tako da na podlogu stavite vrganje, zatim jaja i po vrhu začinite umakom.

## TRIK
**Meko jaje treba ostaviti sa zgrušanim bjelanjkom i tekućim žumanjkom.**

# KRUMPIR I BIJELA RUKA

## SASTOJCI

1 kg krumpira

600 g bjelanjaka bez kostiju i kože

4 žlice umaka od rajčice

1 veliki luk

2 češnja češnjaka

1 list lovora

Brandi

Maslinovo ulje

Sol i papar

## OBRADA

Krumpir ogulite, narežite na četvrtine i kuhajte 30 minuta u slanoj vodi. Ocijedite ih i propasirajte kroz mlin za hranu. Pire rasporedite na prozirnu foliju i ostavite sa strane.

Luk i češnjak sitno nasjeckajte. Pržite na srednjoj vatri 5 minuta i dodajte lovorov list i nasjeckani i posoljeni bjelanjak. Pecite još 5 minuta bez prestanka miješanja, dodajte malo rakije i smanjite. Dodajte umak od rajčice i kuhajte još minutu. Neka se ohladi.

Bjelanjak rasporedite po podlozi od krumpira, zamotajte ga u obliku ciganove ruke i ostavite u hladnjaku do posluživanja.

## TRIK

Može se pripremati sa bilo kojom svježom ili smrznutom ribom. Poslužite s ružičastim umakom ili aiolijem.

# KUHANI OMLET (ROPA VIEJA)

## SASTOJCI

125 g crnog pudinga

100 g kokošijeg ili pilećeg mesa

60 g kupusa

60 g slanine

1 žličica paprike

3 češnja češnjaka

1 crni puding

1 chorizo

1 luk

2 žlice maslinovog ulja

sol

## OBRADA

Nasjeckajte luk i češnjak na sitno. Zapržite na laganoj vatri 10 minuta. Pirjano meso i kupus sitno nasjeckati i dodati na luk. Kuhajte na srednjoj vatri dok meso ne porumeni i ne prepeče se.

Umutiti jaja i dodati ih mesu. Posolite.

Dobro zagrijte tavu, dodajte ulje i stavite tortilju s obje strane.

## TRIK

Popratite dobrim umakom od kima i rajčice.

# KRUMPIRI PUNJENI DIMLJENIM LOSOSOM, SLANINOM I PATLIĐANIMA

## SASTOJCI

4 srednja krumpira

250 g slanine

150 g parmezana

200 g dimljenog lososa

½ l vrhnja

1 patlidžan

Maslinovo ulje

Sol i papar

## OBRADA

Krumpir dobro operite i kuhajte ga u ljusci na srednjoj vatri 25 minuta ili dok ne omekša. Ocijediti, prepoloviti i isprazniti, ostaviti lagani sloj. Spremite cijele krumpire i izdubljene dijelove.

Na zagrijanoj tavi zažutite slaninu narezanu na tanke trakice. Izvadite i rezervirajte. Na istom ulju kuhajte kockice patlidžana 15 minuta ili dok ne omekšaju.

U lonac uspite očišćene krumpire, poširane patlidžane, slaninu, losos narezan na trakice, parmezan i vrhnje. Kuhajte 5 minuta na srednjoj vatri te začinite solju i paprom.

Krompir napunite prethodnom smjesom i gratinirajte na 180ºC dok ne porumeni.

**TRIK**

Sa istim nadjevom možete pripremiti i patlidžane.

# KROKETI OD KRUMPIRA I SIRA

**SASTOJCI**

500 g krumpira

150 g ribanog parmezana

50 g maslaca

Brašno, jaja i prezle (za paniranje)

2 žumanjka

Muškatni oraščić

Sol i papar

**OBRADA**

Krompir ogulite, narežite na četvrtine i kuhajte na srednjoj vatri s vodom i soli 30 minuta. Ocijedite i provucite kroz mlin za hranu. Dok je vruće dodajte maslac, žumanjke, sol, papar, muškatni oraščić i parmezan. Neka se ohladi.

Oblikujte kuglice poput kroketa i umačite ih u brašno, razmućeno jaje i prezle. Pržite na dosta ulja dok ne porumene.

**TRIK**

Prije prekrivanja, u sredinu kroketa stavite 1 žličicu umaka od rajčice i mali komad svježe kuhane kobasice. Oni su ukusni.

# DOBRO PRŽENJE

## SASTOJCI
1 kg kasnog ili polukasnog krompira (sorte kiseli ili monalisa)
1 l maslinovog ulja
sol

## OBRADA
Ogulite i narežite krumpir na pravilne kolutiće. Operite ih u puno hladne vode dok ne budu potpuno prozirne. Dobro osušiti.

Zagrijte ulje u tavi na srednje jakoj vatri, na oko 150ºC. Kada počne lagano ali stalno kuhati, dodajte krumpir i pržite ga dok ne omekša, pazeći da se ne slomi.

Vrućim uljem pojačajte vatru na maksimalnu pa dodajte krumpir u nekoliko navrata i miješajte šupljikavom žlicom. Pržite dok ne postanu zlatne i hrskave. Izvadite, ocijedite višak ulja i soli.

## TRIK
Obje temperature ulja su važne. To ih čini vrlo mekima iznutra i hrskavim izvana. Posoliti na kraju.

# FLORENTINSKA JAJA

## SASTOJCI
8 **jaja**
800 **g špinata**
150 **g sirove šunke**
1 **režanj češnjaka**
**Bešamel** (vidi odjeljak Bujoni i umaci)
**sol**

## OBRADA

Špinat kuhajte u kipućoj slanoj vodi 5 minuta. Ohladiti i stisnuti da izgube svu vodu. Sitno narezati i ostaviti sa strane.

Nasjeckajte češnjak i pržite ga 1 minutu na srednjoj vatri. Dodajte šunku narezanu na kockice i kuhajte još 1 minutu. Pojačajte vatru, dodajte špinat i kuhajte još 5 minuta. Zatim rasporedite špinat u 4 terakota lonca.

Preko špinata prelijte 2 razmućena jaja. Začinite bešamelom i pecite 8 minuta na 170ºC.

## TRIK
Pripravci na bazi špinata nazivaju se firentinci.

# VARIVA OD KRUMPIRA S MONKOM I KOZICAMA

## SASTOJCI

4 **krumpira**

300 g **čiste grdobine bez kosti**

250 g **oguljenih kozica**

½ l **riblje juhe**

1 **čaša bijelog vina**

1 **žlica pulpe chorizo papra**

1 **žličica paprike**

8 **niti šafrana**

3 **kriške prepečenog kruha**

2 **češnja češnjaka**

1 **luk**

**Maslinovo ulje**

**Sol i papar**

## OBRADA

Na laganoj vatri pržite luk i sitno nasjeckani češnjak 10 minuta. Dodajte kriške kruha i zapržite ih. Dodajte šafran, papriku i chorizo . Pirjajte 2 minute.

Ulijte krumpire i dodajte ih u umak. Pirjajte 3 minute. Ulijte vino i pustite da se potpuno reducira.

Ulijte juhu i kuhajte na laganoj vatri dok krumpir nije skoro kuhan. Dodajte grdobinu narezanu na komade i oguljene kozice.

Začinite i kuhajte još 2 minute. Ostavite da odstoji 5 minuta izvan vatre.

## TRIK

Keširanje krumpira znači trganje na jednake komade bez rezanja do kraja. Time juha postaje gušća.

# FLAMENCO JAJA

## SASTOJCI

8 **jaja**

200 **g umaka od rajčice**

1 **mala konzerva piquillo paprike**

4 **žlice kuhanog graška**

4 **kriške serrano šunke**

4 **debele kriške choriza**

4 **šparoge iz konzerve**

## OBRADA

Rasporedite umak od rajčice u 4 terakota lonca. U svako stavite 2 razbijena jajeta i rasporedite grašak, chorizo i šunku narezane na sitne komadiće, papriku i šparoge narezane na trakice na različite hrpice.

Pecite u pećnici na 190ºC dok se jaja malo ne stegne.

## TRIK

Može se raditi s botifarom, ali i sa svježom kobasicom.

# TORTILLA PAISANA

## SASTOJCI
6 jaja
3 velika krumpira
25g kuhanog graška
25 g choriza
25 g serano šunke
1 zelena paprika
1 crvena paprika
1 luk
Maslinovo ulje
Sol i papar

## OBRADA
Luk i papriku sitno narežite. Oguljeni krumpir narežite na vrlo tanke ploške. Pržite krumpir s lukom i paprikom na srednjoj vatri.

Zapržite chorizo i šunku, podijeljene na male tacose. Ocijedite krumpir s lukom i paprikom. Dodajte chorizu i šunku. Dodajte grašak.

Umutiti jaja, posoliti i popapriti te ih dodati krumpiru i ostalim sastojcima. Srednju tavu dobro zagrijati, dodati prethodnu smjesu i rasporediti sa obje strane.

## TRIK
Morate ga malo zgrušati jer preostala toplina završava kuhanje. Ovako će biti sočnije.

# KUHANA JAJA SA KOBASICAMA I SENFOM

**SASTOJCI**

8 jaja

2 dimljene njemačke kobasice

5 žlica senfa

4 žlice vrhnja

2 kisela krastavca

Sol i papar

**OBRADA**

Sitno nasjeckane kornišone pomiješajte sa senfom i vrhnjem.

Kobasice sitno nasjeckajte na dno 4 glinene posude. Preko vrha prelijte umak od senfa, a zatim u svaki razbijena 2 jaja. Sezona.

Peći u pećnici na 180ºC dok se bjelanjci ne stisnu.

**TRIK**

U smjesu senfa i vrhnja dodajte 2 žlice ribanog parmezana i nekoliko grančica svježeg timijana.

# OMLET OD KRUMPIRA U UMAKU

## SASTOJCI

7 **velikih jaja**

800 **g krumpira za prženje**

1 **dl bijelog vina**

¼ **l pileće juhe**

1 **žlica svježeg peršina**

1 **žličica paprike**

1 **žličica brašna**

3 **češnja češnjaka**

**djevičansko maslinovo ulje**

**sol**

## OBRADA

Sitno nasjeckajte češnjak i pržite ga na srednjoj vatri 3 minute bez da pretjerano porumeni. Dodajte brašno i pržite 2 minute. Dodajte papriku i pirjajte 5 sekundi. Ulijte vino i ostavite da se potpuno reducira. Ulijte juhu i kuhajte na laganoj vatri 10 minuta uz povremeno miješanje. Posolite i pospite peršinom.

Krompir ogulite. Narežite ih uzdužno na četvrtine, a ove na tanke ploške. Pržite ih dok ne omekšaju i lagano porumene.

Umutiti jaja i posoliti. Krumpir dobro ocijediti i dodati umućenim jajima. Posolite.

Zagrijte tavu, stavite 3 žlice ulja na kojem se pržio krumpir i dodajte smjesu jaja i krumpira. Miješajte 15 sekundi na jakoj vatri. Okrenite ga tanjurom. Ponovno zagrijte tavu i dodajte još 2 žlice ulja na kojem će se pržiti krumpir. Dodajte tortilju i pržite je na jakoj vatri 15 sekundi. Posolite i kuhajte na laganoj vatri 5 minuta.

## TRIK
Za ovu vrstu recepata možete koristiti ostatke juhe od variva ili riže.

# PURRUSALDA

## SASTOJCI

1 **kg krumpira**
200 **g odsoljenog bakalara**
100 **ml bijelog vina**
3 **srednja poriluka**
1 **veliki luk**

## OBRADA

Bakalar kuhajte u 1 l hladne vode 5 minuta. Izvadite bakalar, izmrvite ga i izvadite kosti. Sačuvajte vodu od kuhanja.

Luk narežite na julienne trakice i pirjajte u loncu na laganoj vatri oko 20 minuta. Poriluk narežite na malo deblje ploške i dodajte luku. Prokuhajte još 10 minuta.

Krumpir ostaviti sa strane (natrgati, ne rezati) i dodati ga u varivo kad se poriluk prokuha. Lagano zapržite krumpir, pojačajte temperaturu i deglazirajte bijelim vinom. Neka se smanji.

Varivo pokvasite vodom od bakalara, posolite (treba biti malo blijedo) i kuhajte dok krumpir ne omekša. Dodajte bakalar i kuhajte još 1 minutu. Posolite i ostavite poklopljeno da odstoji 5 minuta.

## TRIK

Ovo varivo pretvorite u kremu. Potrebno je samo zgnječiti i filtrirati. divno.

# PEČENI KRUMPIRI

## SASTOJCI

500 g krumpira

1 čaša bijelog vina

1 mali luk

1 zelena paprika

Maslinovo ulje

sol

## OBRADA

Ogulite i narežite krumpir na tanke ploške. Luk i papriku narežite na julienne trakice. Stavite na lim za pečenje. Posolite i dobro premažite uljem. Pomiješajte da se sve dobro prožme i pokrijte aluminijskom folijom.

Peći na 160ºC 1 sat. Izvaditi, skinuti papir i preliti čašom vina.

Pecite nepoklopljeno na 200ºC još 15 minuta.

## TRIK

Vino možete zamijeniti s ½ čaše vode, ½ čaše octa i 2 žlice šećera.

# ODREBANE GLJEVE

## SASTOJCI
8 jaja

500 g šampinjona očišćenih i narezanih

100 g serrano šunke narezane na kockice

8 kriški prepečenog kruha

2 češnja češnjaka

Maslinovo ulje

## OBRADA
Češnjak narežite na ploške i lagano zažutite zajedno sa šunkom narezanom na kockice bez da se oboji. Pojačajte vatru, dodajte očišćene i narezane gljive i pržite ih 2 minute.

Ulijte tučena jaja, neprestano miješajući dok se malo ne zgrušaju i otope.

## TRIK
Sol nije potrebno dodavati jer to daje Serrano šunka.

# JAJA NA TANJURU SA INĆUNIMA I MASLINAMA

## SASTOJCI

8 **jaja**

500 **g rajčice**

40 **g crnih maslina bez koštica**

12 **inćuna**

10 **kapara**

3 **češnja češnjaka**

1 **vlasac**

**Origan**

**Šećer**

**Maslinovo ulje**

**sol**

## OBRADA

Češnjak i vlasac sitno nasjeckajte. Kuhajte na laganoj vatri 10 minuta.

Rajčice ogulite, izvadite sjemenke i narežite na kockice. Dodajte na pirjani češnjak i luk. Pojačajte vatru i kuhajte dok rajčica ne izgubi svu vodu. Prilagodite sol i šećer.

Rajčicu rasporedite u terakota posude. Stavite 2 razbijena jaja i prelijte ostatkom nasjeckanih sastojaka. Peći u pećnici na 180ºC dok se bjelanjci ne stisnu.

**TRIK**

Dodavanje šećera u recepte koji sadrže rajčicu služi za uravnoteženje kiselosti koju daje.

# KREMA OD KRUMPIRA SA SLANINOM I PARMEZANOM

**SASTOJCI**

1 **kg krumpira**

250 **g slanine**

150 **g parmezana**

300 **ml vrhnja**

3 **glavice luka**

**Muškatni oraščić**

**Maslinovo ulje**

**Sol i papar**

**OBRADA**

U zdjeli pomiješajte vrhnje sa sirom, solju, paprom i muškatnim oraščićem.

Ogulite i narežite krumpir i luk na tanke ploške. Pržiti u tavi dok ne omekša. Ocijedite i začinite solju i paprom.

Posebno zažutite slaninu narezanu na trakice i dodajte je u tavu s krumpirom.

Krumpir stavite u posudu za pečenje, prelijte smjesom od vrhnja i pecite u pećnici na 175°C dok ne porumeni.

**TRIK**

Ovaj recept možete pripremiti i bez kuhanja krumpira. Jedino što trebate učiniti je kuhati ih na 150ºC 1 sat.

# TVRDO KUHANA JAJA

**SASTOJCI**
8 jaja
sol

**OBRADA**

Kuhajte jaja u kipućoj vodi 11 minuta.
Osvježite vodom i ledom i ogulite.

**TRIK**

Za lakše guljenje vodu od kuhanja obilno posolite i ogulite ih odmah nakon što se ohlade.

# NABORANI KRUMPIR

## SASTOJCI
1 kg sitnih krumpira
500 g krupne soli

## OBRADA
Kuhajte krumpir u slanoj vodi dok ne omekša. Moraju biti potpuno prekriveni dodatnim centimetrom vode. Ocijedite krumpir.

U istu tavu (neopranu) ponovo dodajte krumpir i stavite ga na laganu vatru uz stalno miješanje dok se ne osuši. To se događa kada se na svakom krumpiru stvori mali sloj soli i njegova se kora nabora.

## TRIK
Savršeno se slažu sa slanom ribom. Probajte malo pesta.

# POŠIRANA JAJA SA ŠAMPINJONIMA, KOZICAMA I TRIGUEROSIMA

## SASTOJCI

8 **jaja**
300 **g svježih gljiva**
100 **g kozica**
250 **ml mesne juhe**
2 **žlice Pedra Ximéneza**
1 **žličica brašna**
1 **vezica divljih šparoga**
**Maslinovo ulje**
1 **dl octa**
**Sol i papar**

## OBRADA

Skuhajte jaja u puno kipuće vode sa soli i dobrom kapljicom octa. Ugasite vatru, pokrijte posudu i pričekajte 3-4 minute. Bjelanjak mora biti kuhan, a žumanjak tekući. Izvadite, ocijedite i začinite solju i paprom.

Šparoge očistiti i prepoloviti po dužini. Zapržite ih u tavi na jakoj vatri, posolite i ostavite sa strane. Na istom ulju zapržite oguljene i posoljene kozice na jako jakoj vatri 30 sekundi. Povući.

U istoj tavi na jačoj vatri 1 minutu zapržite narezane gljive, dodajte brašno i zapržite ih još minutu. Vlažite Pedro Ximénezom dok se ne smanji i osuši. Dodajte juhu do točke soli i pustite da zavrije.

Na tanjir stavite šparoge, kozice i gljive, a na njih stavite jaja. Pirjajte s umakom Pedro Ximénez.

## TRIK

**Kuhajte juhu s 1 grančicom ružmarina dok ne dosegne polovicu volumena.**

# KAGNUTI KRUMPIRI SA CHORIZOM I ZELENOM PAPRIKOM

## SASTOJCI

6 **jaja**

120g **nasjeckanog choriza**

4 **krumpira**

2 **talijanske zelene paprike**

2 **češnja češnjaka**

1 **vlasac**

**Maslinovo ulje**

**Sol i papar**

## OBRADA

Krompir ogulite, operite i narežite na srednje kockice. Dobro operite dok voda ne postane bistra. Vlasac i papriku nasjeckajte na julienne trakice.

Na dosta zagrijanog ulja popržite krumpir i na pola prženja dodajte papriku i vlasac dok povrće ne porumeni i omekša.

Ocijedite krumpir, vlasac i papriku. Ostavite samo malo ulja u tavi da se nasjeckani chorizo zapeče. Ponovno dodajte krumpir s vlascem i paprikom. Dodati razmućena jaja i miksati dok se malo ne stvrdne. Posolite i popaprite.

## TRIK

Chorizo možete zamijeniti crnim pudingom, chistorrom, pa čak i kobasicom.

# KRUMPIR SIROMAHIMA

### SASTOJCI

1 **kg krumpira**

3 **češnja češnjaka**

1 **mala zelena paprika**

1 **mali crveni čili**

1 **mali luk**

Svježi peršin

Maslinovo ulje

4 žlice octa

sol

### OBRADA

Češnjak zgnječite s peršinom, octom i 4 žlice vode.

Ogulite i narežite krumpir kao za tortilju. Popržite ih na dosta zagrijanog ulja i dodajte pola luka i paprike narezane na fine julienne trakice. Nastavite pržiti dok lagano ne porumene.

Izvadite i ocijedite krumpir, luk i papriku. Dodajte protisnuti češnjak i ocat. Pomiješajte i posolite.

### TRIK

Savršen je prilog uz sve vrste mesa, a posebno ona masnija poput janjetine i svinjetine.

# POŠIRANA JAJA VELIKOG KNEZA

## SASTOJCI

8 jaja

125 g parmezana

30 g maslaca

30 g brašna

½ litre mlijeka

4 kriške prepečenog kruha

Muškatni oraščić

Ocat

Sol i papar

## OBRADA

Pripremite bešamel tako da zapržite brašno na maslacu 5 minuta na laganoj vatri, dodajte mlijeko, miješajući i kuhajte još 5 minuta. Začinite solju, paprom i muškatnim oraščićem.

Skuhajte jaja u puno kipuće vode sa soli i dobrom kapljicom octa. Ugasite vatru, pokrijte posudu i pričekajte 3-4 minute. Izvadite i ocijedite.

Na tost stavite poširano jaje i začinite ga bešamelom. Pospite ribanim parmezanom i zapecite u pećnici.

## TRIK

Kad voda prokuha promiješajte pjenjačom i odmah dodajte jaje. Na taj način dobivate zaobljen i savršen oblik.

# KRUMPIR S REBRCIMA

## SASTOJCI

3 **velika krumpira**

1 **kg mariniranih svinjskih rebara**

4 **žlice umaka od rajčice**

2 **češnja češnjaka**

1 **list lovora**

1 **zelena paprika**

1 **crvena paprika**

1 **luk**

**Maslinovo ulje**

**sol**

## OBRADA

Porebra razdijelite i zapecite u jako zagrijanoj tavi. Izvadite i rezervirajte.

Na istom ulju popržite paprike, češnjak i luk narezan na srednje komade. Kad je povrće omekšalo dodajte umak od rajčice i ponovno dodajte rebarca. Promiješajte i ravnomjerno prelijte vodom. Dodajte lovorov list i kuhajte na laganoj vatri dok gotovo ne omekša.

Zatim dodajte cachelada krumpir. Posolite i nastavite kuhati dok krumpir ne omekša.

## TRIK

Keširanje krumpira znači lomiti ga nožem, a da ga ne prerežete do kraja. Na taj način krumpir otpušta škrob, a juhe postaju konzistentnije i gušće.

# POHOVANA PEČENA JAJA

## SASTOJCI
8 **jaja**
70 **g maslaca**
70 **g brašna**
**Brašno, jaja i prezle (za paniranje)**
½ **litre mlijeka**
**Muškatni oraščić**
**Maslinovo ulje**
**Sol i papar**

## OBRADA
Zagrijte tavu na maslinovom ulju, ispecite jaja, a žumanjak ostavite sirov ili jako nedovoljno pečen. Izvadite, posolite i uklonite višak ulja.

Pripremite bešamel tako da na otopljenom maslacu popržite brašno 5 minuta. Dodati mlijeko uz stalno miješanje i kuhati 10 minuta na srednjoj vatri. Začinite solju, paprom i muškatnim oraščićem.

Pažljivo prekrijte jaja bešamelom sa svih strana. Ostavite da se ohladi u hladnjaku.

Jaja umočite u brašno, razmućeno jaje i prezle i pržite ih na dosta zagrijanog ulja dok ne porumene.

## TRIK
Što su jaja svježija, manje će prskati prilikom prženja. Da biste to učinili, izvadite ih iz hladnjaka 15 minuta prije prženja.

# KRUMPIR OD LJEŠNJAKA

## SASTOJCI

750 g krumpira

25 g maslaca

1 žličica nasjeckanog svježeg peršina

2 žlice maslinovog ulja

Sol i papar

## OBRADA

Krompir oguliti i punčom oblikovati kuglice. Skuhajte ih u posudi s hladnom posoljenom vodom. Kad prvi put prokuhaju pričekajte 30 sekundi i ocijedite.

U tavi rastopite maslac sa uljem. Dodajte osušeni i ocijeđeni krumpir i kuhajte na srednje laganoj vatri dok krumpir ne porumeni i ne omekša iznutra. Posolite, popaprite i dodajte peršin.

## TRIK

Mogu se peći i u pećnici na 175ºC uz povremeno miješanje dok ne omekšaju i porumene.

# MEKA JAJA

### SASTOJCI
8 jaja
sol
Ocat

### OBRADA
Kuhajte jaja u kipućoj vodi sa soli i octom 5 minuta. Izvadite i odmah osvježite u ledenoj vodi te pažljivo ogulite.

### TRIK
Kako biste lako ogulili tvrdo kuhana jaja, vodu obilno posolite.

# RIOJANA KRUMPIR

## SASTOJCI

2 velika krumpira

1 žličica chorizo pulpe ili ñora papra

2 češnja češnjaka

1 asturijski chorizo

1 zelena paprika

1 list lovora

1 luk

paprike

4 žlice maslinovog ulja

sol

## OBRADA

Na ulju pržite nasjeckani češnjak 2 minute. Dodajte luk i papriku narezanu na julienne trakice i pržite 25 minuta na srednje laganoj vatri (treba imati istu boju kao da je karamelizirana). Dodajte žličicu chorizo papra.

Dodajte nasjeckani chorizo i pirjajte još 5 minuta. Dodajte cachelada krumpir i kuhajte još 10 minuta uz stalno miješanje. Posolite.

Dodajte papriku i podlijte vodom. Kuhajte zajedno s lovorom na vrlo laganoj vatri dok se krumpir ne skuha.

## TRIK

Od onog što vam ostane možete napraviti kremu. To je spektakularno predjelo.

# KRUMPIR OD SIPE

## SASTOJCI

3 **velika krumpira**

1 **kg očišćenih sipa**

3 **češnja češnjaka**

1 **konzerva graška**

1 **veliki luk**

Riblja juha

Svježi peršin

Maslinovo ulje

sol

## OBRADA

Luk, češnjak i peršin narežite na sitno. Zažutite sve u tavi na srednjoj vatri.

Nakon što je povrće prokuhalo, povisite vatru i pržite sipe narezane na srednje komade 5 minuta. Podlijte ribljom juhom (ili hladnom vodom) i kuhajte dok sipe ne omekšaju. Posolite i dodajte oguljeni i nasjeckani krumpir i grašak.

Smanjite vatru i kuhajte dok se krumpir ne skuha. Posolite i poslužite vruće.

## TRIK

Vrlo je važno sipe pržiti na jakoj vatri jer će inače biti žilave i ne baš sočne.

# OMELET OD KOZICA I ČEŠNJAKA

### SASTOJCI
8 **jaja**
350 **g oguljenih kozica**
4 **češnja češnjaka**
1 **kajenski papar**
**Maslinovo ulje**
**sol**

### OBRADA

Češnjak narežite na ploške i lagano zažutite s kajenskim paprom. Dodajte kozice, posolite i maknite s vatre. Ocijedite škampe, češnjak i cayenne.

Dobro zagrijte tavu s uljem od češnjaka. Istucite i začinite jaja. Dodajte kozice i češnjak i pustite da se malo zgruša tako što ćete ga smotati na sebe.

### TRIK
Da se tortilja ne bi zalijepila za tavu, dobro je zagrijte prije dodavanja ulja.

# PIRJANI KRUMPIR S BAKALOM

## SASTOJCI

1 kg krumpira

500 g odsoljenog bakalara

1 l stripa

2 češnja češnjaka

1 zelena paprika

1 crvena paprika

1 luk

Sjeckani svježi peršin

Maslinovo ulje

sol

## OBRADA

Luk, češnjak i papriku sitno nasjeckajte. Povrće pržite na laganoj vatri 15 minuta.

Dodajte cachelada krumpir (natrgan, ne izrezan) i pirjajte još 5 minuta.

Dodajte temeljac i prstohvat soli te kuhajte dok krumpir nije skoro kuhan. Zatim dodajte bakalar i peršin i kuhajte 5 minuta. Posolite i poslužite vruće.

## TRIK

Prije zalijevanja možete dodati 1 čašu bijelog vina i par kajenskih papra.

# PIRE KROMPIR

## SASTOJCI

400 g krumpira

100 g maslaca

200 ml mlijeka

1 list lovora

Muškatni oraščić

Sol i papar

## OBRADA

Oprane i narezane krumpire s lovorovim listom kuhajte na srednjoj vatri dok ne omekšaju. Ocijedite krumpir i propasirajte ga kroz mlin za hranu.

Zakuhajte mlijeko s maslacem, muškatnim oraščićem, soli i paprom.

Krumpir prelijte mlijekom i umutite pjenjačom. Ako je potrebno, ispravite ono što nedostaje.

## TRIK

Dodati 100 g naribanog parmezana i umutiti pjenjačom. Rezultat je ukusan.

# OMLET OD GRAHA SA SANGUININOM

**SASTOJCI**

8 **jaja**

400 **g boba**

150 **g crnog pudinga**

1 **režanj češnjaka**

1 **luk**

**Maslinovo ulje**

**sol**

**OBRADA**

Mahune kuhajte u kipućoj vodi s malo soli dok ne omekšaju. Filtrirajte i osvježite hladnom vodom i ledom.

Luk i češnjak sitno nasjeckajte. Zapržiti na laganoj vatri 10 minuta zajedno sa crnim pudingom, pazeći da se ne razbije. Dodajte grah i kuhajte još 2 minute.

Umutiti jaja i sol. Dodajte grah i popržite ga na vrućoj tavi.

**TRIK**

Da biste napravili još spektakularnije jelo, skinite kožicu sa svakog zrna odmah nakon što se ohladi. Bit će finija konzistencija.

# PUNJENI ČEŠNJAKOM I TRIGUEROSIMA

**SASTOJCI**

8 **jaja**

100 g češnjaka

8 **kriški prepečenog kruha**

8 **divljih šparoga**

2 češnja češnjaka

Maslinovo ulje

Sol i papar

**OBRADA**

Češnjak i očišćene šparoge nasjeckajte na tanke ploške. Češnjak narežite na ploške i lagano zažutite zajedno s češnjakom i šparogama. Sezona.

Dodajte razmućena jaja neprestano miješajući dok se malo ne stvrdnu. Kajganu poslužite na ploškama prepečenog kruha.

**TRIK**

Jaja se mogu pripremiti i u zdjeli u parnom kotlu, na srednjoj vatri, uz stalno miješanje. Ostat će medene konzistencije.

# PIRJANI KRUMPIRI SA SJECANIM KRUMPIROM

## SASTOJCI

6 većih krumpira

500 g lisičarki

1 ravna žličica slatke paprike

1 režanj češnjaka

1 luk

½ zelene paprike

½ crvene paprike

Začinska paprika

Mesna juha (tek toliko da pokrije)

## OBRADA

Nasjeckano povrće pržite na laganoj vatri 30 minuta. Dodajte cachelada krumpir (natrgan, ne izrezan) i pirjajte 5 minuta. Dodajte očišćene lisičarke narezane na četvrtine i očišćene od peteljki.

Pržite 3 minute i dodajte slatku papriku i malo začina. Podlijte juhom i začinite solju (treba biti malo blijeda). Kuhajte na laganoj vatri i posolite.

## TRIK

Izvadite par kuhanih krumpira s malo juhe, zgnječite ih i ponovno dodajte u gulaš da se umak zgusne.

# OMLET OD VRGANJA I KOZICA

## SASTOJCI

8 **jaja**

400 g **očišćenih vrganja**

150 g **kozica**

3 **češnja češnjaka**

2 **žlice maslinovog ulja**

**Sol i papar**

## OBRADA

Sitno nasjeckajte češnjak i lagano ga zažutite u tavi na srednjoj vatri.

Vrganje narežite na kockice, pojačajte vatru i u tavu dodajte češnjak. Kuhajte 3 minute. Dodajte oguljene i posoljene kozice i pržite ih još minutu.

Umutiti i posoliti jaja. Dodajte vrganje i kozice. Zagrijte tavu na 2 žlice ulja i ispecite tortilju s obje strane.

## TRIK

Kad su svi sastojci pomiješani, dodajte malo ulja od tartufa. Užitak.

# GRATINIRANA JAJA

## SASTOJCI

8 **jaja**

125 **g parmezana**

8 **kriški serano šunke**

8 **kriški prepečenog kruha**

**Bešamel (vidi odjeljak Bujoni i umaci)**

**Ocat**

**Sol i papar**

## OBRADA

Skuhajte jaja u puno kipuće vode sa soli i dobrom kapljicom octa. Ugasite vatru, pokrijte posudu i pričekajte 3-4 minute. Izvadite i osvježite ledenom vodom. Ocijedite ih šupljikavom žlicom i ostavite na kuhinjskom papiru.

Rasporedite serrano šunku u 4 tave. Na vrh stavite jaja, prelijte bešamelom i pospite naribanim parmezanom. Gratinirajte dok sir ne dobije zlatnu boju.

## TRIK

Može se pripremati s dimljenom slaninom pa čak i sobrasadom.

# OMLET OD TIKVICA I RAJČICA

## SASTOJCI
8 **jaja**
2 **rajčice**
1 **tikvica**
1 **luk**
**Maslinovo ulje**
**sol**

## OBRADA

Luk narežite na tanke trakice i pržite na laganoj vatri 10 minuta.

Tikvice i cherry rajčice narežite na ploške i zažutite na zagrijanoj tavi. Kad porumene, narežite tikvice i cherry rajčice na tanke trakice. Dodajte na luk i posolite.

Umutiti jaja i dodati ih povrću. Posolite. Dobro zagrijte tavu i stavite polutortilju tako da dodiruje cijelu površinu tave, a zatim je smotajte na sebe.

## TRIK

Probajte ga napraviti s kockicama patlidžana i popratnim bešamel umakom.

# REVOLCONA KRUMPIR S TORREZNOSOM

## SASTOJCI

400 g krumpira

1 žlica paprike

2 kriške marinirane slanine za torreznos

2 češnja češnjaka

mljeveni kajenski papar

Maslinovo ulje

sol

## OBRADA

Ogulite i kuhajte krumpir u loncu dok ne omekša. Sačuvajte vodu od kuhanja.

Za to vrijeme na malo ulja na laganoj vatri pržite slaninu narezanu na kockice 10 minuta ili dok ne postane hrskava. Uklonite torreznos.

Na istoj masnoći zažutite nasjeckani češnjak. Popržiti i papriku pa je dodati u lonac od krompira. Dodajte malo soli i prstohvat mljevenog kajenskog papra.

Zdrobite s nekoliko pjenjača i po potrebi podlijte s malo juhe od kuhanja krumpira.

## TRIK

Krompir uvijek kuhajte u hladnoj vodi, tako ćete izbjeći da postane tvrd ili da mu treba više vremena da omekša.

# OMLET OD GLJIVA I PARMEZANA

## SASTOJCI
8 **jaja**
300 **g narezanih gljiva**
150 **g ribanog parmezana**
4 **češnja češnjaka**
1 **kajenski papar**
**Maslinovo ulje**
**sol**

## OBRADA

Češnjak narežite na ploške i lagano zažutite s kajenskim paprom. Gljive stavite na jaku vatru, posolite i pržite ih 2 minute. Maknite s vatre. Ocijedite gljive, češnjak i cayenne.

Dobro zagrijte tavu s uljem od češnjaka. Umutiti i začiniti jaja, dodati gljive, naribani parmezan i češnjak. Lagano uvijte tortilju, motajući je na sebe.

## TRIK

Poslužite uz dobar umak od rajčice začinjen kimom.

# ČOKOLADNI ZEC S PRŽENIM BADEMIMA

## SASTOJCI

1 zec

60 g naribane tamne čokolade

1 čaša crnog vina

1 grančica majčine dušice

1 grančica ružmarina

1 list lovora

2 mrkve

2 češnja češnjaka

1 luk

Pileća juha (ili voda)

Prženi bademi

Ekstra djevičansko maslinovo ulje

Sol i papar

## OBRADA

Zeca nasjeckajte, začinite i zapecite na zagrijanoj tavi. Izvadite i rezervirajte.

Na istom ulju na laganoj vatri zažutite luk, mrkvu i nasjeckane režnjeve češnjaka.

Dodajte lovorov list, majčinu dušicu i grančice ružmarina. Ulijte vino i juhu i kuhajte na laganoj vatri 40 minuta. Posolite i izvadite zeca.

Umak propasirati kroz blender i vratiti u lonac. Dodajte zeca i čokoladu i miješajte dok se ne otopi. Kuhajte još 5 minuta da se okusi prožmu.

TRIK

Završite prženim bademima na vrhu. Dodate li malo kajenskog papra ili čili papričice, daje mu pikantnost.

# FINE CRIADILLAS OD UZGAJENE JANJEĆE BILJE

SASTOJCI

12 jedinica janjećih cradilla

1 žličica svježeg ružmarina

1 žličica svježe majčine dušice

1 žličica svježeg peršina

Brašno, jaja i prezle (za paniranje)

Maslinovo ulje

Sol i papar

OBRADA

Očistite criadille uklanjanjem dviju opni koje ih okružuju. Dobro ih operite vodom i malo octa, zatim ocijedite i osušite.

Izrežite i začinite criadille. Pomiješajte malo krušnih mrvica sa sitno nasjeckanim svježim začinskim biljem. Umočite ih u brašno, jaje i prezle i pržite na dosta vrelog ulja.

TRIK

Možete napraviti zabavnije i kreativnije tijesto ako krušne mrvice zamijenite mljevenim keksima.

# MILANSKE SKALOPE

SASTOJCI

4 goveđa odreska

150 g krušnih mrvica

100 g parmezana

2 jaja

Brašno

Maslinovo ulje

Sol i papar

OBRADA

Filete začinite i pobrašnite, umočite u razmućeno jaje i u mješavinu kruha i ribanog parmezana.

Dobro pritisnuti da se prezle dobro priljube i pržiti u dosta vrelog ulja.

TRIK

Savršen prilog uz ovo jelo su špageti s umakom od rajčice.

# VRTLARSKI MESNI GULAVAR

SASTOJCI

1 kg crnog pudinga

100 g šampinjona

1 čaša crnog vina

3 žlice pržene rajčice

1 grančica majčine dušice

1 grančica ružmarina

1 list lovora

2 mrkve

1 luk

2 klinčića

1 mala konzerva graška

Mesna juha (ili voda)

Maslinovo ulje

Sol i papar

OBRADA

Meso nasjeckajte, začinite i zapržite na jakoj vatri. Izvadite i rezervirajte.

Na istom ulju popržite luk i mrkvu nasjeckane na kockice. Ponovno dodajte meso i zalijte crnim vinom. Ostavite da se reducira i dodajte prženu rajčicu, lovorov list, klinčiće i grančice majčine dušice i ružmarina.

Podlijte juhom i pirjajte dok meso ne omekša. Pred sam kraj kuhanja dodajte grašak i pirjane gljive narezane na četvrtine.

TRIK

Dodavanje štapića cimeta tijekom kuhanja daje varivu iznenađujući zaokret.

# FLAMENKINI

SASTOJCI

8 odrezaka šunke ili lungića

8 kriški serano šunke

8 kriški sira

Brašno, jaja i prezle (za paniranje)

Maslinovo ulje

Sol i papar

OBRADA

Začiniti i povećati filete. Nadjenite kriškom šunke i drugom kriškom sira i zarolajte.

Umočite ih u brašno, razmućeno jaje i prezle i pržite na dosta zagrijanog ulja.

TRIK

Da biste mu dali zabavniji dodir, možete zamijeniti krušne mrvice nasjeckanim žitaricama ili kikosom.

# FRICANDO TELETINA

SASTOJCI

1 kg goveđih filea

300 g šampinjona

250 cl mesne juhe

125 cl rakije

3 rajčice

1 luk

1 vezica aromatičnog bilja (majčina dušica, ružmarin, lovorov list...)

1 mrkva

Brašno

Maslinovo ulje

Sol i papar

OBRADA

Meso začinite i pobrašnite. Zapržite ga na malo ulja na srednjoj vatri i izvadite.

Na istom ulju u kojem su se radili fileti popržiti mrkvu i luk narezan na komade. Kad omekšaju dodajte naribane cherry rajčice. Dobro pržite dok rajčica ne izgubi svu vodu.

Pojačati vatru i dodati gljive. Kuhajte 2 minute pa dodajte rakiju. Pustite da ispari i opet dodajte jakobove kapice.

Podlijte juhom i dodajte aromatično bilje. Posolite i kuhajte 30 minuta na laganoj vatri ili dok meso ne omekša. Ostavite poklopljeno da odstoji još 30 minuta.

## TRIK

Ako nije sezona gljiva možete koristiti dehidrirane. Okus je nevjerojatan.

# KAŠA SA CHORIZO I KOBASICAMA

SASTOJCI

10 svježih kobasica

2 kobasice

4 pune žlice durum pšeničnog brašna

1 žlica paprike

1 svinjska jetra

1 glavica češnjaka

2 dl maslinovog ulja

sol

OBRADA

Chorizo i kobasice narežite na male komadiće. Pržite na srednjoj vatri s uljem. Izvadite i rezervirajte.

Na istom ulju zažutite jetricu narezanu na kockice i pola češnjaka. Izvadite i zdrobite u mužaru. rezerva.

Na istom ulju popržite ostatak nasjeckanog češnjaka, dodajte papriku i malo brašna.

Miješajte bez prestanka dok brašno više ne bude sirovo. Dodati 7 dl vode i kuhati uz miješanje. Dodajte mužar i tučak, kobasice i chorizo. Posolite i promiješajte.

TRIK

Dobar prilog je i mladi češnjak na žaru.

# LACON S VRHOM REPE

SASTOJCI

1 ½ kg svježe svinjetine

1 velika vezica zelenja repe

3 kobasice

2 velika krumpira

1 srednji luk

Paprika (slatka ili ljuta)

Maslinovo ulje

sol

OBRADA

Svinjsku lopaticu kuhajte oko 2 sata s puno slane vode i lukom.

Kada preostane još 30 minuta kuhanja, dodajte chorizo i debeli cachelada krumpir (natrgan, ne izrezan).

Posebno kuhajte vrhove repe u kipućoj vodi 10 minuta. Ocijediti i rezervisati.

Na tanjur složite svinjsku lopaticu, chorizo, krumpir i zelen repe te pospite slatkom ili začinskom paprikom.

TRIK

Preporučljivo je kuhati repu posebno jer je voda od kuhanja gorka.

# TELEĆA JETRA U UMAKU OD CRNOG VINA

## SASTOJCI

750 g goveđih fileta jetre

100 g brašna

75 g maslaca

1 l mesne juhe

400 ml crnog vina

2 velike glavice luka

Maslinovo ulje

Sol i papar

## OBRADA

Vino kuhajte dok mu se volumen ne smanji za pola.

U međuvremenu u lonac stavite 1 žlicu maslaca i drugu žlicu brašna. Pržiti na laganoj vatri dok se brašno lagano ne zapeče. Ulijte vino i juhu, miješajući. Kuhajte 15 minuta i začinite solju i paprom.

Jetrica začinite i pobrašnite. Popržite ih na malo ulja s obje strane. Izvadite i rezervirajte.

Na istom ulju na laganoj vatri pržite sitno nasjeckani luk 25 minuta. Dodajte jetru i umak. Zagrijte (ne kuhajte) i poslužite vruće.

TRIK

Crveno vino možete zamijeniti bijelim, lambruscom, cavom, slatkim itd.

# ZEC U VARIVANJU

SASTOJCI

1 zec

1 l mesne juhe

½ litre crnog vina

1 grančica ružmarina

1 grančica majčine dušice

4 češnja češnjaka

2 rajčice

1 veliki luk

1 mrkva

1 poriluk

Maslinovo ulje

Sol i papar

OBRADA

Zeca nasjeckajte, začinite i zapecite. Izvadite i rezervirajte.

Češnjak, luk, mrkvu i poriluk sitno narežite i pržite 20 minuta na istom ulju u kojem se radila kunica.

Dodajte naribane cherry rajčice i kuhajte dok ne izgube svu vodu. Vrati zeca unutra.

Ulijte vino i juhu, dodajte aromatično bilje i kuhajte na laganoj vatri oko 1 sat dok zec ne omekša.

## TRIK

Zec izrezan na komade može se marinirati 24 sata u vinu i juhi zajedno sa nasjeckanim začinskim biljem i povrćem. Sljedeći dan ocijedite zeca, sačuvajte tekućinu i povrće te ga skuhajte prema prethodnim koracima.

# SVINJSKI LUNGIT S BRESKVOM

SASTOJCI

1 kg cijelog lungića

1 čaša mesne juhe

1 vrećica dehidrirane juhe od luka

1 staklenka breskvi u sirupu

Maslinovo ulje

Sol i papar

OBRADA

Meso posolite, popaprite i popržite u tavi sa svih strana.

Dodajte breskvu u sirup i juhu. Kuhajte na vrlo laganoj vatri 1 sat dok se breskva gotovo ne karamelizira. Zatim dodajte vrećicu juhe od luka i kuhajte još 5 minuta.

Izvadite lungić i izmiksajte umak. Lungić i umak na porcije.

TRIK

Isto možete učiniti i sa ananasom u saftu, ali i sa svinjskim fileom, ali prepolovite vrijeme kuhanja.

# ENTOMATO MAGRO

SASTOJCI

1 kg nemasne svinjetine

1 800 g limenke pulpe od rajčice

1 grančica svježeg timijana

1 veliki luk

2 češnja češnjaka

Brandi

Šećer

Maslinovo ulje

Sol i papar

OBRADA

Nemasno meso začinite i zapržite na jakoj vatri. Meso izvaditi i rezervisati.

Na istom ulju popržite luk i češnjak narezan na kockice. Opet dodajte posno meso i podlijte malo rakije.

Ostavite da se reducira 2 minute, dodajte konzervu rajčice, grančicu majčine dušice i kuhajte na laganoj vatri dok meso ne omekša.

Začinite solju i šećerom i kuhajte još 5 minuta.

TRIK

Možete i popirjati neke dobre gljive i dodati ih varivu.

# SVINJSKI HLAČI U GULARU

## SASTOJCI

4 svinjska kasača

100 g Serrano šunke

1 čaša bijelog vina

1 mala žličica brašna

1 žlica paprike

4 češnja češnjaka

2 rajčice

2 luka

1 list lovora

1 mrkva

1 kajenski papar

Maslinovo ulje

Sol i 10 zrna papra

## OBRADA

Kuhajte patače u hladnoj vodi 1 minutu tek od trenutka kad počnu kuhati. Promijenite vodu i ponovite postupak 3 puta. Zatim ih kuhajte s 1 glavicom luka, mrkvom, 2 češnja češnjaka, listom lovora, paprom u zrnu i soli 2 i pol sata dok se meso ne odvoji od kosti. Rezervirajte juhu.

Drugi luk i ostatak češnjaka sitno nasjeckajte. Pržite oko 10 minuta zajedno sa šunkom narezanom na kockice i kajenskim paprom. Dodajte brašno i papriku. Zapržite 10 sekundi i dodajte naribane cherry rajčice. Kuhajte dok ne izgubite svu vodu. Ulijte vino i kuhajte na jakoj vatri dok se ne reducira i umak bude gotovo suh. Ukloniti. Pokvasiti sa 200 ml juhe od koje su se kuhale patalice i nastaviti miješati da se ne zalijepe. Kuhajte na laganoj vatri 10 minuta i posolite. Otkostite patače, stavite ih u umak i kuhajte još 2 minute.

## TRIK

Male ruke možete napuniti čime god želite. Sve što trebate učiniti je zarolati ih u prozirnu foliju i ostaviti da se ohlade. Potom ih preostaje samo narezati na deblje ploške, pobrašniti, popržiti i skuhati u umaku.

# MRVICE

SASTOJCI

1 štruca starog kruha

200 g choriza

200 g šunke

4 talijanske zelene paprike

1 glavica češnjaka

OBRADA

Štrucu narezati na kockice i navlažiti vodom (ne smije biti mokra).

U širokoj tavi popržite zgnječeni češnjak u ljusci i ostavite sa strane. Narežite chorizo i šunku te ih također popržite u istoj tavi. Izvadite i rezervirajte.

Na istom ulju u kojem se pripremao chorizo pecite kruh 30 minuta na laganoj vatri. Miješajte dok kruh ne postane mrvičast, ali ne i suh. Dodati ostale sastojke i ponovno izmiksati da se mrvice pomiješaju sa chorizom i šunkom.

TRIK

Migas se može popratiti sa sardinama, grožđem, pečenim jajima itd.

# PUNJENI LUNGIT

SASTOJCI

800 g otvorenog lungića

200 g šnita serano šunke

175 g narezane slanine

90 g raznih orašastih plodova

75 g svinjske masti

750 ml mesne juhe

150 ml bijelog vina

1 vrhom puna žlica kukuruznog škroba

4 jaja

Sol i papar


OBRADA

Začinite i obojite lungić razmućenim jajetom. Puniti ploškama šunke, slaninom, orasima i 3 tvrdo kuhana jaja narezana na četvrtine.

Zatvoriti mrežicom od mesa i namazati salom. Popržiti sa svih strana na zagrijanoj tavi. Prebaciti u lim za pečenje i peći na 180ºC 30 minuta. Svakih 5 minuta zalijevajte juhom.

Ostavite meso da odstoji izvan posude 5 minuta.

Izvadite umak iz tave, dodajte vino i sve ponovno zagrijte u loncu. Zagrijte i dodajte kukuruzni škrob razmućen u malo hladne vode. Posolite i popaprite.

Lungić isfilirati i umak.

TRIK

Odmaranje mesa je bitno jer pomaže da ne izgubi sok i da se okusi homogeniziraju.

# TELEĆA CARBONARA

SASTOJCI

8 goveđih odrezaka

500 g luka

100 g maslaca

½ l mesne juhe

1 boca piva

1 list lovora

1 grančica majčine dušice

1 grančica ružmarina

Brašno

Maslinovo ulje

Sol i papar

OBRADA

Filete začiniti i pobrašniti. Lagano ih popržite na maslacu s obje strane. Izvadite i rezervirajte.

Na tom maslacu popržite sitno narezani luk. Poklopite posudu i kuhajte na laganoj vatri 30 minuta.

Dodajte filete i pivo. Dinstajte na srednjoj vatri dok se umak gotovo ne osuši.

Ulijte mesnu juhu i dodajte aromatično bilje. Kuhajte na laganoj vatri dok meso ne omekša. Posolite i ostavite da odstoji 20 minuta bez vatre i pokrivene posude.

TRIK

Ako je meso prepečeno bit će žilavo i trebat će ga kuhati duže dok ponovno ne omekša. Najbolje je provjeravati njegovu tvrdoću svakih 5 do 10 minuta.

# JANJEĆI ŽELETAC S VRGANJIMA

SASTOJCI

500 g janjećih želudaca

250 g vrganja

1 čaša sherry vina

1 vlasac

1 režanj češnjaka

Peršin

Maslinovo ulje

Sol i papar

OBRADA

Osvježite želudac u puno hladne vode najmanje 2 sata, mijenjajući vodu 2 ili 3 puta. Zatim ih skuhajte u loncu prelivenom hladnom vodom. Ostavite da djeluje 10 sekundi od prvog vrenja, izvadite i ohladite. Odstraniti svu kožu i masnoću i filetirati.

Na zagrijanoj tavi popržite nasjeckani luk i češnjak. Pojačajte vatru i dodajte posoljene slatkice. Pržite 2 minute i dodajte očišćene i filetirane vrganje. Kuhajte 2 minute i deglazirajte vinom. Pustite da se smanji na laganoj vatri oko 20 minuta.

## TRIK

Uspjeh ovog jela leži u strpljenju u čišćenju želuca. Inače će postati gorki i lošeg okusa.

# TELEĆI OSSOBUCO S NARANČOM

SASTOJCI

8 ossobucco

1 l mesne juhe

1 čaša bijelog vina

2 žlice vinskog octa

1 luk

1 vezica aromatičnog bilja (majčina dušica, ružmarin, lovorov list...)

2 mrkve

2 klinčića

½ naribane naranče

Sok od 2 naranče

Sok od ½ limuna

1 žlica šećera

Maslac

Maslinovo ulje

Sol i papar

OBRADA

U zdjeli pomiješajte luk narezan na julienne trakice, mrkvu narezanu na sitne komadiće, umak, klinčiće, aromatično bilje i bijelo vino. Ossobuco posolite i popaprite te ih ostavite da se mariniraju u ovoj smjesi 12 sati. Ocijedite i sačuvajte tekućinu.

Osušite meso i zapržite ga na jako jakoj vatri u loncu.

Posebno zažutite marinirano povrće na ulju i dodajte ossobuco. Dinstati dok ne omekša. Dodajte odloženu tekućinu i kuhajte na jakoj vatri 5 minuta. Ulijte mesnu juhu. Poklopite i kuhajte oko 3 sata dok se kost lako ne odvoji.

U međuvremenu pripremite karamel sa šećerom i octom. Prelijte ga preko umaka. Dodajte malo maslaca i koricu naranče. Meso prokuhajte nekoliko minuta.

TRIK

Važno je da tava u kojoj se peče osso buco bude jako vruća kako bi meso bilo puno sočnije.

# KOBASICE U VINU

SASTOJCI

20 svježih kobasica

2 glavice luka narezane na julienne trake

½ l bijelog vina

1 žlica brašna

2 lista lovora

Maslinovo ulje

Sol i papar

OBRADA

Zapržite kobasice na jakoj vatri. Izvadite i rezervirajte.

Luk narežite na julienne trakice i pržite ga na laganoj vatri 40 minuta na istom ulju kao i kobasice. Dodajte brašno i pirjajte 5 minuta. Ponovno dodajte kobasice, zalijte vinom i dodajte lovor.

Kuhajte 20 minuta dok sav alkohol ne ispari te začinite solju i paprom.

TRIK

Odličnu verziju možete napraviti ako umjesto bijelog vina dodate Lambrusco.

# ENGLESKA PITA MESNA

SASTOJCI

800 g mljevenog mesa

800 g krumpira

2 čaše crnog vina

1 šalica pileće juhe

4 žumanjka

4 češnja češnjaka

2 srednje zrele rajčice

2 luka

4 mrkve

Parmezan

timijan

Origan

Maslinovo ulje

Sol i papar

OBRADA

Ogulite, izrežite i skuhajte krumpir. rezerva. Naribajte češnjak, luk i mrkvu.

Začinite i zapržite meso. Zatim dodajte povrće i dobro ga prokuhajte. Dodajte naribane cherry rajčice i zapržite. Uliti vino i ostaviti da se reducira. Ulijte juhu i pričekajte da se umak gotovo osuši. Dodajte majčinu dušicu i origano.

Krumpir propasirajte kroz mlinac, posolite i popaprite te dodajte sitno naribani parmezan i 4 žumanjka.

Meso tijesno posložiti u kalup i na to staviti pire i krupno naribani parmezan. Pecite na 175ºC 20 minuta.

TRIK

Može se popratiti s dobrim umakom od rajčice ili čak s umakom za roštilj.

# LEMLJENA GOVEĐA OKRUGLA

SASTOJCI

1 runda junetine

250 ml mesne juhe

250 ml bijelog vina

1 grančica majčine dušice

1 grančica ružmarina

3 češnja češnjaka

2 mrkve

2 luka

1 ribana rajčica

Maslinovo ulje

Sol i papar

OBRADA

Kruh posolite i popaprite, stavite u mrežicu za meso i zapecite u jako zagrijanoj tavi. Izvadite i rezervirajte.

Na istom ulju zažutite nasjeckano povrće. Kad omekša, dodajte naribanu rajčicu i kuhajte dok ne izgubi svu vodu.

Ulijte vino i pustite da se smanji na ¼ volumena. Vratite meso i navlažite ga juhom. Dodajte aromatično bilje.

Poklopite i kuhajte 90 minuta ili dok meso ne omekša. Okrenite na pola kuhanja. Izvadite meso i izmiksajte umak. Filtrirajte i posolite.

Isfilirajte meso i poslužite okrugli file začinjen umakom.

TRIK

Može se pripremati i u pećnici zagrijanoj na 180ºC, na pola pečenja okrenuti.

# RENI U JEREZU

SASTOJCI

¾ kg svinjskih bubrega

150 ml šerija

1 čaša octa

1 žlica paprike

1 ravna žlica brašna

2 češnja češnjaka

1 luk

4 žlice maslinovog ulja

Sol i papar

OBRADA

Očišćene i nasjeckane bubrege namočite 3 sata u ledenu vodu i 1 šalicu octa. Zakuhajte vodu u tavi i stavite poklopac naopako. Na vrh posložite bubrege i držite na vatri 10 minuta dok ne izgube tekućinu i nečistoće. Nakon tog vremena operite se s puno hladne vode.

Luk i češnjak sitno nasjeckajte. Pržite ih u ulju na niskoj temperaturi 10 min. Pojačajte vatru i dodajte bubrege, sol i papar dok ne porumene.

Smanjite vatru i dodajte brašno i papriku. Pržiti 1 minutu te dodati sherry i 1 dl vode. Kuhajte dok sav alkohol ne ispari. Posolite.

TRIK

Ono što je bitno u ovom receptu je temeljito čišćenje bubrega.

# MILANESASI OSSOBUCO

SASTOJCI

6 ossobucco

250 g mrkve

250 g luka

¼ l crnog vina

1 grančica majčine dušice

½ glavice češnjaka

1 list lovora

1 veća zrela rajčica

pozadina mesa

Maslinovo ulje

Sol i papar

OBRADA

Ossobuco posolite i popaprite te ih popržite s obje strane. Izvadite i rezervirajte.

Na istom ulju popržite mrkvu, luk i nasjeckani češnjak. Posolite i dodajte naribanu rajčicu. Pržite na jakoj vatri dok ne iscuri sva voda.

Ponovno dodajte ossobuco, zalijte vinom i kuhajte 3 minute. Dnom kvasiti dok se meso ne prekrije. Dodajte začine i kuhajte dok se meso ne odvoji od kosti. Posolite.

## TRIK

Ako je moguće, večer prije marinirajte sve povrće s mesom, vinom i aromatičnim biljem. Intenzitet okusa bit će veći.

# IBERSKA TAJNA S DOMAĆIM CHIMICHURRI UMAKOM

SASTOJCI

4 Iberijske tajne

2 žlice octa

1 žličica svježeg peršina

1 žličica paprike

1 žličica mljevenog kima

3 lista svježeg bosiljka

3 češnja češnjaka

Sok od ½ malog limuna

200 ml maslinovog ulja

sol

OBRADA

Sitno nasjeckajte očišćeni češnjak, peršin, bosiljak, papriku, ocat, kumin, limunov sok, ulje i posolite.

Pecite sekrete u vrućoj tavi 1 minutu po strani. Poslužite odmah i ukrasite umakom.

TRIK

Mljevenjem sastojaka u mužaru dobiva se više cijelih komada.

# TELEĆA TUNA

SASTOJCI

1 kg okrugle junetine

250 g majoneze

120 g tune iz konzerve, ocijeđene

100 ml suhog bijelog vina

1 grančica peršina

1 žličica soka od limuna

1 grančica celera

1 list lovora

15 kapara

8 inćuna

1 luk

1 poriluk

1 mrkva

sol

OBRADA

Stavite 1,5 litre vode na vatru, dodajte povrće oguljeno i narezano na srednje komade, sol i vino. Dodajte meso i kuhajte 75 minuta na laganoj vatri. Ostavite da se ohladi u vodi, ocijedite i poklopljeno čuvajte u hladnjaku. Zatim ga narežite na vrlo tanke ploške.

U međuvremenu pripremite umak od majoneze, tune, kapara, inćuna i limuna. Promiješajte i prelijte preko mesa. Ostavite poklopljeno u hladnjaku još sat vremena.

TRIK

Može se napraviti i tako da se krug peče u pećnici 90 minuta.

# GOVEĐI REP

SASTOJCI

2 volovska repa

2 l mesne juhe

1 l crnog vina

3 žlice umaka od rajčice

1 grančica majčine dušice

1 grančica ružmarina

8 mrkvi

4 stabljike celera

2 srednje talijanske paprike

2 srednje glavice luka

Maslinovo ulje

Sol i papar

OBRADA

Mrkvu, papriku, luk i celer sitno narežite i povrće stavite u lonac zajedno s volovskim repom. Zaliti vinom i ostaviti da se macerira 24 sata. Filtrirajte povrće i rep i sačuvajte vino.

Začinite i zapecite rep. Izvadite. Na istom ulju zažutite povrće s malo soli.

Dodajte umak od rajčice, dodajte vino i smanjite na pola na jakoj vatri. Dodajte volovski rep, juhu i aromatično bilje. Kuhajte na laganoj vatri dok se meso lagano ne odvoji od kosti. Posolite.

TRIK

Dodate li u umak komadić maslaca i istučete ga, dobit ćete vrlo sjajnu smjesu kojom ćete začiniti svako meso.

# BROWNIE

SASTOJCI

150 g couverture čokolade

150 gr) šećera

100 g maslaca

70 g brašna

50 g lješnjaka

1 žličica kvasca

2 jaja

sol

OBRADA

Pažljivo otopite čokoladu s maslacem u mikrovalnoj. Posebno 3 minute mutiti jaja sa šećerom.

Pomiješajte ove smjese i dodajte prosijano brašno, prstohvat soli i kvasac. Ponovno promiješajte. Na kraju dodajte lješnjake.

Zagrijte pećnicu na 180ºC. Smjesu izlijte u prethodno namašćen i pobrašnjen kalup i pecite u pećnici 15 minuta.

TRIK

Kada se lješnjaci uklope, dodajte i bombone prerezane na pola. Iznenađenje je zabavno.

# SORBE OD LIMUNA S MENTOM

SASTOJCI

225 g šećera

½ l soka od limuna

Korica od 1 limuna

3 bjelanjka

8 listića mente

OBRADA

½ l vode i šećer zagrijavajte na laganoj vatri 10 minuta. Dodajte listiće mente narezane na fine julienne trake, limunovu koricu i sok. Pustite da se ohladi i spremite u zamrzivač (ne smije se potpuno smrznuti).

Od bjelanjaka istucite čvrsti snijeg i dodajte ga u smjesu od limuna. Ponovno zamrznite i poslužite.

TRIK

Dodate li prstohvat soli dok mutite bjelanjke bit će stabilniji i čvršći.

# ASTURIJSKI PUDING OD RIŽE

## SASTOJCI

100 g riže

100 g šećera

100 g maslaca

1 litra mlijeka

2 žumanjka

1 štapić cimeta

Korica od 1 limuna

Korica 1 naranče

## OBRADA

Mlijeko kuhajte na vrlo laganoj vatri zajedno s koricom citrusa i cimetom. Kad počne kuhati dodajte rižu i povremeno promiješajte.

Kad je riža gotovo mekana dodajte šećer i maslac. Kuhajte još 5-10 minuta.

Dodati žumanjke s vatre i miksati da bude homogena.

## TRIK

Za još iznenađujući rezultat dodajte 1 list lovora tijekom kuhanja.

# DOMAĆA RICOTTA S MEDOM I ORASIMA

SASTOJCI

1 litra ovčjeg mlijeka

4 žlice meda

12 kapi ljekarničkog sirila

orasi

OBRADA

Zakuhajte mlijeko u loncu. Uklonite pri prvom kuhanju. Ostavite da odstoji dok ne postigne sobnu temperaturu (cca 28ºC).

Dodajte sirilo u mlijeko bez prestanka miješanja. Odmah rasporedite u pojedinačne posude i ostavite da se ohlade u hladnjaku.

Poslužite popraćeno medom i orasima.

TRIK

Za drugačiji štih dodajte 1 grančicu ružmarina dok se mlijeko kuha.

# BISKVIT OD KAVE

SASTOJCI

175 g šećera

½ l vrhnja za šlag

4 dcl kave (instant ili u perkolatoru)

8 žumanjaka

OBRADA

Miksajte jaja sa šećerom i kavom u zdjeli 5 minuta.

Istucite vrhnje i dodajte ga smjesi za kavu. Zatim zamrznite najmanje 3 sata.

TRIK

Može se pripremati i s drugim okusima poput čokolade, horchate itd.

# AMERIČKA PITA OD JABUKA

SASTOJCI

300 g brašna

100 g šećera

80 g maslaca

2 Granny Smith jabuke

2 jabuke od rakova

1 jaje

Cimet

OBRADA

Jabuke ogulite i narežite na tanke ploške. Stavite ih u zdjelu zajedno sa šećerom i cimetom po ukusu.

Miješajte maslac s brašnom dok ne dobijete pješčanu konzistenciju. U ovu smjesu dodajte malo hladne vode i mijesite 10 minuta dok se više ne lijepi za ruke.

Tijesto razvaljajte valjkom i pola stavite u obložen i prethodno pobrašnjen kalup. Unutra stavite kriške jabuke i prekrijte drugom polovicom tijesta. Zatvoriti kao da su njoki.

Premažite jajetom i napravite par zareza u sredini torte kako bi para izlazila. Pecite u pećnici na 170ºC dok površina ne dobije lijepu zlatnu boju.

## TRIK

U nadjev možete dodati malo grožđica i začine poput đumbira u prahu, mljevenog klinčića itd.

# TORTA SOLETILLA

SASTOJCI

200 g šećera

200 g brašna

8 jaja

OBRADA

S jedne strane umutiti čvrsti snijeg od bjelanjaka sa 100 g šećera.

Umjesto toga umutite žumanjke s ostatkom šećera dok ne udvostruče volumen i ne postanu bjelkasti.

Zatim spojiti dvije smjese zahvatnim pokretima i malo po malo dodavati prosijano brašno.

Tijesto ravnomjerno rasporediti u tepsiju obloženu papirom za pečenje i peći na 180ºC 10 minuta. Pustite da se odmori i ohladi.

TRIK

Savršena je osnova za bezbrojne slastice: ciganski ručak, kolače, semifreddoe itd.

# PROFITEROLI

SASTOJCI

150 g brašna

100 g maslaca

5 jaja (uključujući 1 za farbanje profiterola)

125 ml mlijeka

1 žličica šećera

1 čajna žličica soli

OBRADA

Zakuhajte mlijeko zajedno sa 125 ml vode, maslacem, soli i šećerom. Kad prokuha dodajte brašno odjednom. Kad se vatra isključi, miješajte 30 sekundi. Ponovno stavite na vatru i miješajte još 1 minutu dok se smjesa više ne lijepi za stijenke posude.

Ulijte tijesto u zdjelu i dodajte jedno po 4 jaja (nemojte dodavati sljedeće dok se prethodno dobro ne umiješa u tijesto).

Na tepsiji prekrivenoj papirom za pečenje žlicom oblikujte male hrpice (između svake profiterole ostavite otprilike 3 cm razmaka). Svaku premažite preostalim jajetom.

Pecite u pećnici na 200°C oko 20 minuta ili dok ne porumene.

TRIK

Mogu se puniti vrhnjem i ukrasiti čokoladnim preljevom.

# TART OD JABUKA TATIN

SASTOJCI

1 i pol kg jabuka renache

180 g šećera

1 list lisnatog tijesta

1 limun

OBRADA

Pripremite karamel u posudi u pećnici na 170 ºC sa šećerom, malo vode i nekoliko kapi limuna. Uklonite ga kada poprimi malo boje. Ne miješaj.

U međuvremenu ogulite jabuke, izvadite im koštice i narežite ih na tanke ploške ili četvrtine. Rasporedite listove na bombone u obliku lepeze bez ostavljanja praznina.

Stavite na laganu vatru, izvadite i prekrijte lisnatim tijestom savijajući rubove prema unutra dok se više ne vide jabuke ili karamele. Pecite u pećnici na 190°C dok ne porumene na površini. Poslužite vruće.

TRIK

Ovaj kolač možete napraviti sa bilo kojim voćem. Super izgleda uz ananas ili bananu. Popratite kuglicom sladoleda od vanilije.

# MOUSSE OD BIJELE ČOKOLADE I NARANČE

SASTOJCI

250 g bijele cokolade

400 ml vrhnja za šlag

5 jaja

Korica 1 naranče

OBRADA

Žumanjke tucite dok ne utrostruče volumen. Od bjelanjaka istucite čvrsti snijeg. Umutiti vrhnje s koricom naranče.

Žumanjke pomiješajte s otopljenom čokoladom i dodajte vrhnju. Dodajte bjelanjke mekim, obavijajućim pokretima.

TRIK

Kako bi se vrhnje bolje tuklo, prvo ga stavite u zamrzivač na 30 minuta.

# KREMA OD NARANČE

SASTOJCI

65 g šećera

400 ml mlijeka

2 žlice ruma

3 žumanjka

1 mahuna vanilije

1 naranča

OBRADA

Pjenasto umutiti žumanjke sa šećerom. Dodajte koricu i sok naranče, sjemenke vanilije, rum i mlijeko.

Kuhajte na laganoj vatri bez prestanka miješanja. Kad prokuha, snažno miješati pjenjačom 15 sekundi. Maknite s vatre i nastavite miješati još 15 sekundi.

TRIK

Nasjeckajte listove svježe mente i dodajte ih na vrh.

# TORTA OD JOGURT

SASTOJCI

375 g brašna

250 g prirodnog jogurta

250 g šećera

1 vrećica kemijskog kvasca

5 jaja

1 mala naranča

1 limun

125 g ulja sjemenki suncokreta

OBRADA

Jaja i šećer mutiti mikserom 5 minuta. Pomiješajte s jogurtom, uljem, koricom citrusa i sokom.

Brašno i kvasac prosijati i dodati u jogurt.

Maslacem i pobrašniti kalup. Izlijte tijesto i pecite na 165ºC oko 35 minuta.

TRIK

Koristite aromatizirane jogurte za izradu različitih kolača.

# KOMPOT OD BANANA S RUŽMARINOM

## SASTOJCI

30 g maslaca

1 grančica ružmarina

2 banane

## OBRADA

Banane ogulite i narežite na ploške.

Stavite ih u tavu, poklopite i kuhajte na vrlo laganoj vatri zajedno s maslacem i ružmarinom dok banana ne bude kao kompot.

## TRIK

Ovaj kompot služi i kao prilog uz svinjske kotlete i čokoladnu tortu. Tijekom kuhanja možete dodati 1 žlicu šećera da bude slađe.

# CREME BRULEE

SASTOJCI

100 g šećerne trske

100 g bijelog šećera

400cl vrhnja

300cl mlijeka

6 žumanjaka

1 mahuna vanilije

OBRADA

Otvorite mahunu vanilije i izvadite mahunu.

U posudi istucite mlijeko s bijelim šećerom, žumanjcima, vrhnjem i mahunom vanilije. Ovom smjesom napunite pojedinačne kalupe.

Zagrijte pećnicu na 100ºC i pecite u vodenoj kupki 90 minuta. Kad se ohladi, pospite smeđim šećerom i zapalite plamenikom (ili prethodno zagrijte pećnicu na jako na grilu i kuhajte dok šećer lagano ne zagori).

TRIK

Dodajte 1 žlicu topljivog kakaa u vrhnje ili mlijeko kako biste dobili ukusnu crème brûlée od kakaa.

# GYPSY ARM PUNJEN KREMOM

SASTOJCI

250 g čokolade

125 g šećera

½ l vrhnja

Solete biskvit (vidi odjeljak Slastice)

OBRADA

Napravite soletilla tortu. Filovati šlagom i smotati na sebe.

U loncu zakuhajte šećer zajedno sa 125 g vode. Ulijte čokoladu, pustite da se otopi 3 minute uz stalno miješanje i njome prekrijte ruku cigančića. Ostavite da odstoji prije posluživanja.

TRIK

Kako biste uživali u još potpunijem i ukusnijem desertu, u kremu dodajte sjeckano voće u sirupu.

# FLAN OD JAJA

SASTOJCI

200 g šećera

1 litra mlijeka

8 jaja

OBRADA

Na laganoj vatri i bez miješanja pripremiti karamel sa šećerom. Kad porumeni, maknite s vatre. Rasporedite u pojedinačne kalupe za torte ili bilo koji kalup.

Umutiti mlijeko i jaja izbjegavajući stvaranje pjene. Ako se pojavi prije stavljanja u kalupe, potpuno ga uklonite.

Prelijte karamelom i kuhajte u vodenoj kupki na 165ºC oko 45 minuta ili dok igla zabodena u nju ne izađe čista.

TRIK

Po istom receptu pravi se ukusan puding. U tijesto samo dodajte kroasane, muffine, kolače...preostale od prethodnog dana.

# CAVA JELLY S JAGODAMA

SASTOJCI

500 g šećera

150 g jagoda

1 boca pjenušca

½ pakiranja listića želatine

OBRADA

Zagrijte cavu i šećer u tavi. Dodajte želatinu prethodno hidratiziranu u hladnoj vodi s vatre.

Poslužite u čašama za martini s jagodama i ostavite u hladnjaku dok se ne stegne.

TRIK

Može se pripremati i sa bilo kojim slatkim vinom i crvenim voćem.

# PALAČINKE

SASTOJCI

150 g brašna

30 g maslaca

250 ml mlijeka

4 jaja

1 limun

OBRADA

Zakuhajte mlijeko i maslac zajedno s koricom limuna. Kad prokuha skinite kožicu i odjednom dodajte brašno. Ugasite vatru i miješajte 30 s.

Ponovno stavite na vatru i miješajte još minutu dok se smjesa više ne lijepi za stijenke posude.

Ulijte tijesto u zdjelu i dodajte jedno po jedno jaje (nemojte dodavati sljedeće dok se prethodno dobro ne umiješa u tijesto).

Koristeći vrećicu za pečenje ili 2 žlice, pecite palačinke u malim obrocima.

TRIK

Može se puniti kremom, kremom, čokoladom itd.

# KOKA SVETI IVAN

SASTOJCI

350 g brašna

100 g maslaca

40 g pinjola

250 ml mlijeka

1 vrećica kvasca

Korica od 1 limuna

3 jaja

Šećer

sol

OBRADA

Prosijte brašno i kvasac. Pomiješajte i napravite vulkan. U sredinu sipati koricu, 110 g šećera, maslac, mlijeko, jaja i prstohvat soli. Dobro mijesite dok se tijesto ne lijepi za ruke.

Razvaljajte oklagijom dok ne dobijete tanak, pravokutni list. Stavite na lim za pečenje i ostavite da se diže 30 minuta.

Premažite koku jajetom, pospite pinjolima i 1 žlicom šećera. Peći na 200ºC oko 25 minuta.

TRIK

Najbolje je jesti hladno. Prije pečenja na vrh dodajte nekoliko komadića kandiranog voća. Rezultat je fantastičan.

# ŠALICA OD KOMPOT OD KRUŠKE SA MASCARPONEOM

SASTOJCI

400 g krušaka

250 g mascarponea

50 g šećera u prahu

50 g bijelog šećera

1 dl ruma

½ žličice mljevenog cimeta

4 klinčića

OBRADA

Ogulite i narežite kruške. Stavite ih u posudu i dodajte liker i klinčiće. Prelijte vodom i kuhajte 20 minuta ili dok ne omekša. Filtrirajte i izmiksajte.

Pire od krušaka sa šećerom i cimetom ponovno stavite na vatru i ostavite da kuha oko 10 minuta.

Posebno pomiješajte mascarpone sa šećerom u prahu.

Hladan kompot podijelite u 4 čaše i na vrh stavite sir.

TRIK

U smjesu od mascarponea sa šećerom u prahu možete dodati limunovu koricu i nekoliko žlica limoncella. Rezultat je ukusan.

# ČOKOLADNI COULANT

## SASTOJCI

250 g čokoladnog premaza

250 g maslaca

150 gr) šećera

100 g brašna

6 žumanjaka

5 cijelih jaja

Lopatica za sladoled (po izboru)

## OBRADA

Otopite čokoladu i maslac u mikrovalnoj. U međuvremenu umutiti žumanjke i jaja. Dodajte jaja u čokoladnu smjesu.

Prosijte brašno i dodajte ga u šećer. Dodajte čokoladu i jaja i umutite.

Pojedinačne kalupe premažite maslacem i pobrašnite te ih napunite prethodnom smjesom do ¾ zapremnine. Ostavite u hladnjaku 30 minuta.

Zagrijte pećnicu na 200ºC i pecite najmanje 6 minuta. Iznutra mora biti otopljen, a izvana zgrušan.

Poslužite vruće uz kuglicu sladoleda.

## TRIK

U tijesto dodajte nasjeckanu bananu i kremu od lješnjaka. Užitak.

# KOLAČ OD MRKVE I SIRA

SASTOJCI

360 g brašna

360 g šećera

2 žličice praška za pecivo

8 velikih jaja

5 velikih mrkvi

1 naranča

orasi

grožđice

Sir za mazanje

Šećer u prahu

Suncokretovo ulje

OBRADA

Zagrijte pećnicu na 170ºC.

Ogulite, nasjeckajte i skuhajte mrkvu dok ne omekša. Pomiješajte jaja, sok od ½ naranče, narančinu koricu, šećer i malo ulja od sjemenki suncokreta.

Kvasac pomiješajte s brašnom, šećerom i prosijte kroz sito.

Umućeno tijesto sjediniti sa smjesom od brašna. Dodajte nasjeckane orahe i grožđice i dobro promiješajte.

Maslacem i pobrašniti kalup. Ulijte tijesto i pecite 45 minuta ili dok umetnuta igla ne izađe čista.

Pustite da se ohladi i na vrh stavite sloj sira pomiješanog sa šećerom u prahu.

TRIK

Također možete dodati cimet, đumbir, klinčiće itd. Rezultat će biti iznenađujući.

# KATALONSKA KREMA

SASTOJCI

200 g šećera

45 g kukuruznog škroba

1 litra mlijeka

8 žumanjaka

1 štapić cimeta

Korica od 1 limuna

OBRADA

Gotovo svo mlijeko s cimetom i limunovom koricom kuhajte na laganoj vatri.

U međuvremenu umutiti žumanjke sa šećerom i ostatkom nezagrijanog mlijeka.

Vruće mlijeko pomiješajte sa žumanjcima i kuhajte na laganoj vatri. Neprestano miješati pjenjačom dok ne zakuha prvi put. Zatim maknite s vatre i nastavite miješati još 2 minute.

Poslužite u posudama od terakote i ostavite da se ohladi. Prilikom posluživanja pospite šećerom i zapalite lopatom ili puhaljkom.

TRIK

Mlijeko možete zamijeniti horchatom. Ovo je spektakularan horchata creme brulee.

# FRANCUSKI TOST

SASTOJCI

1 štruca starog kruha starog 3 ili 4 dana

2 litre mlijeka

3 jaja

Kora od 1 limuna

štapić cimeta

Cimet u prahu

Šećer

Maslinovo ulje

OBRADA

Skuhajte mlijeko sa štapićem cimeta i limunovom koricom zajedno s 3 žlice šećera. Kada prokuha poklopite i ostavite da odstoji 15 minuta.

Kruh narežite na kriške i stavite na tanjur. Filtrirajte mlijeko preko kruha da se natopi.

Torrijase ocijedite, umočite u razmućeno jaje i pecite s obje strane. Izvadite iz ulja, ocijedite i propasirajte kroz šećer i cimet.

TRIK

Možete završiti s 1 žlicom slatkog vina na vrh.

# KREMA PO NALAZI

SASTOJCI

65 g šećera

20 g kukuruznog škroba

250 ml mlijeka

3 žumanjka

OBRADA

Gotovo svo mlijeko prokuhajte.

U međuvremenu pomiješajte ostatak preostalog mlijeka sa žumanjcima, šećerom i kukuruznim škrobom. Dobro izmiješajte dok grudice nestanu.

U kipuće mlijeko dodajte smjesu od jaja. Miješajte dok ne zavrije i nastavite snažno miješati još 15 sekundi.

Maknite s vatre i tucite još 15 sekundi. Pustite da se ohladi i čuvajte u hladnjaku.

TRIK

Osnova je nebrojenih slastica, a njegove varijable su gotovo beskonačne.

# FLAN OD BRESKVE I KOKOSA

## SASTOJCI

65 g ribanog kokosa

½ litre mlijeka

4 žlice šećera

4 jaja

4 polovice breskvi u sirupu

1 mala staklenka kondenziranog mlijeka

## OBRADA

Na laganoj vatri i bez miješanja pripremiti karamel sa šećerom. Kad porumeni, maknite s vatre. Podijelite u pojedinačne zdjelice.

Pomiješajte kokos s kondenziranim mlijekom, jajima, breskvom i mlijekom. Prelijte karamelom i pecite 35 minuta na 175ºC ili dok umetnuta igla ne izađe čista.

## TRIK

Dodajte nekoliko komada cupcakea u tijesto.

# BIJELA ČOKOLADA I VOĆNI FONDUE

### SASTOJCI

500 g bijele cokolade

100 g lješnjaka

¼ l mlijeka

¼ l vrhnja

8 jagoda

2 banane

### OBRADA

Skuhajte vrhnje i mlijeko. Dodati čokoladu s vatre dok se ne otopi. Dodajte nasjeckane lješnjake.

Voće narežite na jednake komade i složite u manju zdjelu zajedno s čokoladnom kremom.

### TRIK

Ako ga djeca ne žele jesti, prelijte ga s malo ruma.

# CRVENO VOĆE SA SLATKIM VINOM OD METAVE

## SASTOJCI

550 g crvenog voća

50 g šećera

2 dcl slatkog vina

5 listova metvice

## OBRADA

Crveno voće, šećer, slatko vino i listiće mente kuhajte u loncu 20 minuta.

Ostavite da odstoji u istoj posudi dok se ne ohladi i poslužite u zasebnim zdjelicama.

## TRIK

Izmrvite i dodajte sladoled od vrhnja i malo nasjeckanih čokoladnih keksa.

# INTXAURSALSA (KREMA OD ORAHA)

### SASTOJCI

125 g oguljenih oraha

100 g šećera

1 litra mlijeka

1 mali štapić cimeta

### OBRADA

Zakuhajte mlijeko s cimetom i dodajte šećer i nasjeckane orahe.

Kuhajte na laganoj vatri 2 sata i ostavite da se ohladi prije posluživanja.

### TRIK

Treba imati konzistenciju pudinga od riže.

# MLIJEKO ZA BEGU

SASTOJCI

175 g šećera

1 litra mlijeka

Kora od 1 limuna

1 štapić cimeta

3 ili 4 bjelanjka

Cimet u prahu

OBRADA

Zagrijte mlijeko sa štapićem cimeta i limunovom koricom na laganoj vatri dok ne počne kuhati. Odmah dodajte šećer i kuhajte još 5 minuta. Rezervirajte i ostavite da se ohladi u hladnjaku.

Kad se ohladi, umutiti čvrsti snijeg od bjelanjaka i dodavati mlijeko zahvatajućim pokretima. Poslužite s mljevenim cimetom.

TRIK

Kako biste dobili nenadmašnu granitu, držite je u zamrzivaču i svakih sat vremena stružite vilicom dok se potpuno ne zamrzne.

# MAČJI JEZICI

SASTOJCI

350 g rahlog brašna

250 g kremastog maslaca

250 g šećera u prahu

5 bjelanjaka

1 jaje

vanilija

sol

OBRADA

U zdjelu dodajte maslac, šećer u prahu, prstohvat soli i malo arome vanilije. Dobro umutiti i dodati jaje. Nastavite s mućenjem i dodajte jedan po jedan snijeg od bjelanjaka bez prestanka mućenja. Dodajte sve brašno odjednom bez previše miješanja.

Kremu spremite u vrećicu s glatkim nastavkom i narežite na trake od otprilike 10 cm. Lupnite pločom o stol da se tijesto proširi i pecite u pećnici na 200ºC dok krajevi ne porumene.

TRIK

U tijesto dodajte 1 žlicu kokosovog praha kako biste napravili nekoliko mačjih jezika.

# NARANČASTI CUPCAKES

SASTOJCI

220 g brašna

200 g šećera

4 jaja

1 mala naranča

1 na kemijskom kvascu

Cimet u prahu

220 g suncokretovog ulja

OBRADA

Pomiješajte jaja sa šećerom, cimetom i narančinom koricom i sokom.

Dodajte ulje i promiješajte. Dodajte prosijano brašno i kvasac. Ostavite smjesu da odstoji 15 minuta i ulijte je u kalupe za muffine.

Zagrijte pećnicu na 200ºC i pecite 15 minuta dok ne bude pečeno.

TRIK

U tijesto možete dodati čokoladne perlice.

# PEČENE JABUKE SA LUČIĆEM

SASTOJCI

80 g maslaca (u 4 komada)

8 žlica porta

4 žlice šećera

4 sobove jabuke

OBRADA

Jabukama izvadite jezgru. Napunite šećerom i na vrh stavite maslac.

Pecite 30 minuta na 175ºC. Nakon tog vremena svaku jabuku pospite s 2 žlice porta i pecite još 15 minuta.

TRIK

Poslužite toplo uz kuglicu sladoleda od vanilije i umak sa sokom koji su pustili.

# KUHANI BEZE

SASTOJCI

400 g granuliranog šećera

100 g šećera u prahu

¼ l bjelanjaka

Kapljice soka od limuna

OBRADA

Umutite bjelanjke s limunovim sokom i šećerom u vodenoj kupki dok se dobro ne umute. Maknite s vatre i nastavite mutiti (kako bude gubio temperaturu, meringue će postati gušći).

Dodajte šećer u prahu i nastavite miksati dok se meringue potpuno ne ohladi.

TRIK

Može se koristiti za oblaganje kolača i izradu ukrasa. Nemojte prekoračiti temperaturu od 60ºC kako se bjelanjak ne bi zgusnuo.

# KREMA

SASTOJCI

170 g šećera

1 litra mlijeka

1 žlica kukuruznog škroba

8 žumanjaka

Kora od 1 limuna

Cimet

OBRADA

Zakuhajte mlijeko s limunovom koricom i pola šećera. Čim prokuha poklopite i ostavite da odstoji s vatre.

Posebno u posudi umutiti žumanjke s ostatkom šećera i kukuruznim škrobom. Dodajte četvrtinu prokuhanog mlijeka i nastavite miješati.

U ostatak mlijeka dodajte smjesu od žutanjaka i kuhajte bez prestanka miješanja.

Kod prvog vrenja mutiti pjenjačom 15 sekundi. Maknite s vatre i nastavite miješati još 30 sekundi. Procijedite i ostavite na hladnom. Pospite cimetom.

TRIK

Da biste napravili aromatiziranu kremu (čokolada, zdrobljeni keks, kava, nasjeckani kokos, itd.) samo trebate dodati željeni okus izvan vatre i dok je vruće.

# LJUBIČASTI BOMBONI PANNA COTTA

SASTOJCI

150 gr) šećera

100 g ljubičastih slatkiša

½ l vrhnja

½ litre mlijeka

9 listića želatine

OBRADA

Hidratizirajte listove želatine hladnom vodom.

U loncu zagrijte vrhnje, mlijeko, šećer i slatkiše dok se ne otope.

Kad skinete s vatre, dodajte želatinu i miješajte dok se potpuno ne otopi.

Ulijte u kalupe i ostavite u hladnjaku najmanje 5 sati.

TRIK

Ovaj recept možete izmijeniti dodavanjem bombona od kave, karamele itd.

www.ingramcontent.com/pod-product-compliance
Lightning Source LLC
Chambersburg PA
CBHW071910110526
44591CB00011B/1622